ORGANIZADORES
DANIEL BUARQUE
E RUBENS BARBOSA

O BRASIL VOLTOU?

Autores

Alisson Felipe Moraes Neves

Anthony W. Pereira

Daniel Buarque

Felipe Tirado

Fernanda Nanci Gonçalves

Fhoutine Marie

Ghaio Nicodemos Barbosa

Hayle Melim Gadelha

Lima Florêncio

Mario Mugnaini Jr.

Miguel Mikelli Ribeiro

Milena Maltese Zuffo

Rafael R. Ioris

Rubens Barbosa

Sergio Abreu

Wânia Duleba

O Brasil Voltou? O interesse nacional e o lugar do país no mundo

Copyright©2024 Daniel Buarque

Todos os direitos desta edição reservados à Pioneira Editorial Ltda. Nenhuma parte desta publicação pode ser utilizada ou reproduzida sob quaisquer meios existentes sem autorização por escrito da editora.

Publisher: José Carlos de Souza Júnior
Operações: Andréa Modanez
Coordenação editorial: Renata Mello
Preparação e revisão de texto: João Paulo Putini e Lays Sabrina
Capa e diagramação: Jéssica Wendy

Dados Internacionais de Catalogação na Publicação (CIP)
Angélica Ilacqua CRB-8/7057

O Brasil voltou? : o interesse nacional e o lugar do país no mundo / organização de Daniel Buarque, Rubens Barbosa. – São Paulo : Pioneira Editorial, 2024. 224 p. Bibliografia ISBN 978-65-87933-11-5 1. Brasil - Política e governo 2. Relações internacionais 3. Presidentes I. Buarque, Daniel II. Barbosa, Rubens	
24-1041	CDD 320.5

Índices para catálogo sistemático:
1. Brasil - Política e governo

Estrada do Capuava, 1325 Box M
CEP: 06713-630 - Cotia – SP – Brasil
contatoeditorial@pioneiraeditorial.com.br
www.edicoestapioca.com.br

ORGANIZADORES
DANIEL BUARQUE
E RUBENS BARBOSA

O BRASIL VOLTOU?

O interesse nacional e o lugar do país no mundo

PIONEIRA

São Paulo, 2024

Sumário

Apresentação — 9

Autores — 12

Introdução - A reconstrução da imagem e do prestígio do Brasil — 16
   Daniel Buarque e Rubens Barbosa

O lugar do Brasil no mundo no terceiro governo Lula — 28
   Rubens Barbosa

A política da negação: bolsonarismo e política externa brasileira — 50
   Anthony W. Pereira

A evolução da agenda ambiental brasileira — 65
   Wânia Duleba, Alisson Felipe Moraes Neves e Milena Maltese Zuffo

A retomada do ativismo diplomático brasileiro na América do Sul — 90
   Fernanda Nanci Gonçalves e Ghaio Nicodemos Barbosa

De volta para o
futuro: gestão de crises e o retorno à busca
por status no governo Lula 3   **109**
    Miguel Mikelli Ribeiro

Brics ampliado: novo impulso para uma velha
agenda e o papel-chave do Brasil   **127**
    Rafael R. Ioris

Comércio exterior e relações internacionais do Brasil   **142**
    Mario Mugnaini Jr.

Militares na política: democracia
e a resiliência da questão militar   **152**
    Sergio Abreu e Lima Florêncio

A esperança de um progressivo retorno do Brasil
a um Estado Democrático de Direito   **170**
    Felipe Tirado

Terrorismo, um novo desafio para a política brasileira   **183**
    Fhoutine Marie

De volta para o país do futuro II:
em busca do *soft power* perdido   **199**
    Hayle Melim Gadelha

A volta "do cara": a simbiose entre
as imagens do país e do presidente   **209**
    Daniel Buarque

Apresentação

"O Brasil voltou" se consolidou como a declaração mais marcante de Luiz Inácio Lula da Silva ao ser eleito presidente e assumir seu terceiro mandato para governar o país. Ao tomar posse, Lula tentou demarcar a forte diferença da sua política externa em relação ao governo anterior e reforçou a ideia de que o mundo "sentia falta" do Brasil. Seu ministro das Relações Exteriores, Mauro Vieira, reforçou a mesma ideia várias vezes e indicou que o principal foco do Itamaraty, a partir de janeiro de 2023, seria reconstruir os laços do país no exterior e recuperar a imagem internacional do Brasil.

Desde a campanha eleitoral mais acirrada da história da jovem democracia brasileira, estavam claros dois projetos completamente diferentes para a defesa do interesse nacional e de um lugar de destaque para o Brasil no mundo. Enquanto Jair Bolsonaro reiterava sua posição antiglobalista que havia feito o país perder prestígio ao longo de quatro anos, Lula flertava com posições alinhadas à diplomacia "ativa e altiva" que ajudaram a projetar o Brasil internacionalmente durante os oito anos em que ele havia sido presidente outrora. Com a vitória do petista, teve início esse trabalho de reconstrução do lugar do país no mundo.

Como tudo em política, entretanto, há sempre uma grande diferença entre as intenções e a realidade. E por mais que Lula e Celso Amorim (agora assessor especial da Presidência) tenham sido relativamente bem-sucedidos na primeira década do século 21, os contextos doméstico e internacional em 2023 eram outros. A divisão política das eleições se reflete em uma polarização que torna mais difícil governar, com a necessidade de equilibrar diferentes forças e interesses em Brasília. O cenário internacional também está conturbado, com uma crescente polarização entre os Estados Unidos e a China, além de guerras na Europa, no Oriente Médio e de turbulências políticas em diferentes partes do mundo. Além disso, não há um boom de *commodities* que impulsionem economicamente o Brasil. Há menos espaço para o Brasil preencher, e uma maior dificuldade de posicionar o país na geopolítica global.

Por outro lado, há também oportunidades. Lula volta ao poder em um momento em que o planeta acelera a transformação da proteção ambiental como uma prioridade, parte da luta contra o aquecimento global. Enquanto Bolsonaro incentivou a destruição da Amazônia e fez o país sofrer consequências e perder prestígio, o terceiro mandato de Lula começou com uma aposta muito promissora de usar a proteção da floresta e a diplomacia ambiental como propulsores dessa projeção internacional do Brasil.

Com tudo isso, 2023 foi um ano marcado por muitas transformações na postura brasileira e na tentativa de reposicionar o país nas relações internacionais. Foram dados passos claros no sentido da proposta de fazer o Brasil "voltar", mas também houve desacertos e tropeços, declarações problemáticas e tensões que atrapalharam nesse processo.

Este livro se debruça sobre esses movimentos para tentar avaliar o alcance dessa tentativa brasileira de reconstruir seu lugar no conturbado mundo nos anos 2020. Ele busca entender o que significa essa ideia de "volta" do Brasil, o que foi alcançado e quais os desafios nesse processo. A obra foi produzida a partir da experiência do portal Interesse Nacional, uma publicação que busca combinar o aprofundamento acadêmico à abordagem jornalística ao tratar sobre política, economia e diplomacia. Um dos focos do portal é justamente buscar compreender o lugar do Brasil no mundo, e ao longo de 2023 ele publicou dezenas de artigos que avaliavam, em tempo real, esse duro processo de reconstrução do prestígio brasileiro.

Os autores dos artigos que formam esta coletânea fazem parte do time de colunistas fixos do Interesse Nacional. Depois de passarem o ano escrevendo sobre temas correntes da política doméstica e internacional brasileira, foram convidados a escrever essas análises mais aprofundadas sobre o primeiro ano do terceiro mandato de Lula a fim de discutir até que ponto a ideia de que o Brasil "voltou" faz sentido, qual o legado deixado pela extrema-direita, em que áreas o país avançou para se recolocar como protagonista global, onde houve acertos, erros e o que é preciso fazer para que o país assuma uma posição de destaque no mundo. O resultado é um diagnóstico interessante sobre os avanços, os entraves e os desafios enfrentados pelo Brasil nessa busca por uma posição importante nas grandes decisões do planeta.

Boa leitura!

Autores

Sergio Abreu e Lima Florêncio – É diplomata, professor de história da política externa brasileira no Instituto Rio Branco, economista e foi embaixador do Brasil no México, no Equador e membro da delegação brasileira permanente em Genebra. É autor dos livros *Diplomacia, revolução e afetos de Vila Isabel a Teerã* e *Mercosul hoje*.

Rubens Barbosa – É diplomata, foi embaixador do Brasil em Londres e em Washington, DC. É presidente do Instituto Relações Internacionais e Comércio Exterior (Irice) e coordenador editorial do Interesse Nacional. Mestre pela London School of Economics and Political Science, escreve regularmente no *Estado de S. Paulo* e no Interesse Nacional e é autor de livros como *Panorama visto de Londres*, *Integração econômica da América Latina*, *O dissenso de Washington* e *Diplomacia ambiental*.

Daniel Buarque – É pesquisador no pós-doutorado do Instituto de Relações Internacionais da USP (IRI/USP), doutor em Relações Internacionais pelo programa de PhD conjunto do King's College London (KCL) e do IRI/USP. Jornalista, tem mestrado em *Brazil in Global Perspective* pelo KCL e é autor de livros como *Brazil's International Status and Recognition as an Emerging Power: Inconsistencies and Complexities*, *Brazil, um país do presente* e *O Brasil é um país sério?*. É editor-executivo do portal Interesse Nacional.

Wânia Duleba – É professora na Universidade de São Paulo (Each/USP), onde atua no Programa de Pós-graduação em Sustentabilidade (PPgSUS) e nos cursos de Bacharelado em Biotecnologia e Licenciatura em Ciências da Natureza. Possui mestrado e doutorado em Oceanografia pela USP e doutorado em Ciências da Terra pela Université d'Angers, França. Lidera o grupo de pesquisa de Diplomacia Ambiental do Instituto de Relações Internacionais e Comércio Exterior (Irice). É autora do livro *Diplomacia ambiental*.

Alisson Felipe Moraes Neves – É mestrando em sustentabilidade na Universidade de São Paulo (Each/USP). Trabalha como gestor de redes de alto impacto no terceiro setor. É pesquisador no âmbito do grupo de pesquisa de Diplomacia Ambiental do Irice na área de segurança química.

Fhoutine Marie – É jornalista e cientista política, participa como coautora dos livros *Tem saída: ensaios críticos sobre o Brasil* e *Neoliberalismo, feminismo e contracondutas*. Seu trabalho foca temas como gênero, raça, terrorismo, neoconservadorismo e resistência política em uma perspectiva não institucional.

Milena Maltese Zuffo – É doutoranda em Sustentabilidade na Universidade de São Paulo, tem mestrado em Direito Internacional e Comparado e bacharelado em Direito pela mesma universidade. Adicionalmente, possui mestrado em Direito Marítimo pela University College London. Milena também atua como advogada e consultora no Brasil e no exterior e é pesquisadora vinculada ao grupo de pesquisa Diplomacia Ambiental do Instituto de Relações Internacionais e Comércio Exterior (Irice).

Hayle Melim Gadelha – É diplomata e doutor em Relações Internacionais pelo King's College London. É autor do livro *Public Diplomacy on the Front Line: the Exhibition of Modern Brazilian Paintings*.

Miguel Mikelli Ribeiro – É professor de Relações Internacionais do Departamento de Ciência Política da Universidade Federal de Pernambuco (UFPE). Mestre em RI pela Universidade Estadual da Paraíba e doutor em Ciência Política pela UFPE. É autor do livro *Política internacional contemporânea: questões estruturantes e novos olhares*.

Mario Mugnaini Jr. – É engenheiro industrial químico e empresário, foi vice-presidente da Fiesp/Ciesp entre 1998 e 2002, secretário executivo da Câmara de Comércio Exterior Camex MDIC entre 2003 e 2007 e presidente da Investe SP, Agência Paulista de Investimentos e Competitividade de 2009 a 2011.

Fernanda Nanci Gonçalves – É doutora em Ciência Política pelo Iesp-Uerj. Professora dos cursos de Relações Internacionais do Unilasalle-RJ e Uerj. Coordenadora do Núcleo de Estudos Atores e Agendas de Política Externa (Neaape-Iesp/Uerj).

Ghaio Nicodemos Barbosa – É doutorando em Ciência Política pelo Iesp-Uerj. Pesquisador do Núcleo de Estudos Atores e Agendas de Política Externa (Neaape-Iesp/Uerj) e do Observatório Político Sul-americano (Opsa-Iesp/Uerj).

Rafael R. Ioris – É professor de História Latino-americana no Departamento de História da Universidade de Denver. É pesquisador do Instituto de Estudos dos Estados Unidos no Brasil e autor de vários artigos e capítulos de livros sobre a história do desenvolvimento no Brasil e em outras partes da América Latina, bem como sobre o curso das relações EUA-América Latina, particularmente durante a Guerra Fria. Autor de livros como *Qual desenvolvimento? Os debates, sentidos e lições da era desenvolvimentista*, *Transforming Brazil: A history of National Development in the Postwar Era*. É *non-resident fellow* do Washington Brazil Office, em Washington, D.C.

Felipe Tirado – É colunista do Jota, professor assistente, tutor e doutorando em direito no King's College London (KCL). Mestre em direito pelo KCL e pela Universidade Federal de Minas Gerais (UFMG). Pesquisador associado ao Constituições, Crisp/UFMG e ao King's Brazil Institute.

Anthony W. Pereira – É diretor do Kimberly Green Latin American and Caribbean Center na Florida International University e professor visitante na Escola de Assuntos Globais do King's College London.

Introdução

A reconstrução da imagem e do prestígio do Brasil

Daniel Buarque e Rubens Barbosa

O primeiro ano do terceiro mandato de Luiz Inácio Lula da Silva como presidente da República foi um período de tentativa de reconstrução do status internacional do Brasil. Enquanto durante os quatro anos em que Jair Bolsonaro foi o governante o país deu passos claros na direção de perda de prestígio no mundo e ficou marcado por uma declaração do seu chanceler sobre ser aceitável virar um pária internacional (Bonin, 2021; Della Colleta, 2020), Lula voltou ao poder deixando claro que a sua "doutrina" na política externa seria baseada em restaurar a imagem do Brasil e suas relações (Winter, 2023). Foi o que ficou simbolizado pela declaração de que o mundo sentia falta do país e que "o Brasil voltou" (Lula da Silva, 2022).

Trata-se de um conjunto de intenções importante. De fato, o governo Bolsonaro abusou do desgaste da reputação ambiental e fez o país perder prestígio no mundo de forma marcante. Mais do que uma preocupação trivial ou de mera questão diplomática, uma boa imagem ajuda na projeção internacional de um país e pode impulsionar a sua capacidade de atrair comércio, investimentos, turistas, talentos e consumidores para seus produtos e serviços. É o primeiro passo para alcançar status no mundo, uma das grandes prioridades da política externa brasileira desde que o país se tornou um Estado dentro do contexto geopolítico global (Anholt, 2007; Buarque, 2022a; Buarque, 2022b).

Por um lado, o objetivo do novo governo parece factível. A reconstrução dos laços formais e diplomáticos na tradição brasileira começou antes mesmo de Lula tomar posse, com uma ampla agenda de contatos e viagens com líderes estrangeiros – muitos dando sinais de que realmente sentiam falta do país. A retomada de relações institucionais de fato pareceu se concretizar (Lupion, 2023; Rodrigues, 2023; Spring; James, 2022).

Mas nem tudo é tão simples. Recuperar a imagem do país de forma mais ampla é um desafio muito maior do que o governo poderia imaginar, e não há uma fórmula que leve a uma melhora rápida da reputação do país no resto do mundo. Danificar a imagem de um país pode ser fácil, mas melhorar essa imagem é bem mais complicado.

O Brasil passou pela primeira situação ao longo da última década. Até 2013, o país configurava regularmente em torno da 20ª colocação no Nation Brands Index (NBI), estudo que avalia as imagens de diferentes países no mundo e desenvolve um ranking dos mais bem avaliados. Desde então, uma série de problemas políticos, econômicos e ambientais fizeram o país cair bastante no ranking (Buarque, 2018). Em 2023, apareceu na 27ª posição (Buarque, 2023b). Essa queda gradual do Brasil no NBI pode ser vista como uma tendência problemática da última década – e com múltiplas causas.

Reverter isso não é tão fácil quanto retomar contatos diplomáticos. Não há uma fórmula mágica que ajude a promover uma imagem positiva de um país no resto do mundo. O novo governo até retomou o uso da "marca Brasil" para tentar impulsionar o país, mas campanhas de publicidade definitivamente não têm impacto no nível de prestígio de um país.

A notícia boa é que o Brasil tem um grande potencial para ampliar seu status global. O país tem uma imagem simpática, uma reserva de poder bruto e suave e é aceito como uma nação que pode ter um papel importante na política internacional. Isso se destaca especialmente por conta da importância da Amazônia para as questões ambientais que têm se tornado prioridade no mundo, além de ter influência na vida de todos no planeta e poder contribuir ativamente para melhorar o mundo com a sua luta pela proteção ambiental e contra o desmatamento. O desafio não é simples, mas há, portanto, espaço para o Brasil seguir.

PONTES DESTRUÍDAS E RETOMADAS

A busca do Brasil por um lugar de prestígio na política global depende em ampla medida do nível de reconhecimento que o país alcança junto a nações que já têm um status internacional elevado (Buarque, 2022a; Esteves *et al*, 2020; MacDonald; Parent, 2021). A percepção externa sobre o Brasil, entretanto, indica que o país está longe de ser aceito como uma grande potência, e que deu passos para trás nesse processo nos últimos anos. Em vez de impulsionar o status do país, o governo Bolsonaro "destruiu pontes" que poderiam levar a nação a alcançar um status mais alto (Buarque, 2023a).

A percepção da comunidade de política externa (CPE) das grandes potências é que a melhor forma de um Estado como o

Brasil (que não tem muito poder militar) atingir o nível de prestígio equivalente ao delas seria focar o desenvolvimento econômico. No entanto, a percepção das elites que compõem a política externa dessas nações poderosas é que, mesmo sem se tornar a potência econômica, o Estado deveria ser capaz de "escolher suas brigas" para melhorar sua reputação e focar uma série de caminhos vistos como formas legítimas para o país construir seu prestígio e aumentar seu status (Buarque, 2023a).

Para esta CPE das grandes potências, os principais caminhos, ou "pontes", para o Brasil galgar uma posição mais elevada na sociedade estratificada internacional seriam:

- ter um papel relevante na liderança regional;
- projetar o país por meio do multilateralismo, construindo poder institucional em diferentes fóruns internacionais e participando de grupos como Brics e Ibas;
- profissionalismo do corpo diplomático do Brasil, reconhecido como um dos melhores do mundo;
- participações em Operações de Manutenção da Paz da ONU;
- liderança na política ambiental e no combate às mudanças climáticas;
- promoção da democracia e promoção da igualdade por meio da política; e
- assumir um papel de mediação em conflitos internacionais.

Muitos dos diferentes caminhos indicados fazem parte do repertório tradicional da política externa brasileira em sua tentativa histórica de colocar o país no centro das decisões globais mais importantes. Grande parte dessa tradição foi deixado de lado, entretanto, durante o governo de Bolsonaro, que transformou a política externa brasileira e foi visto internacionalmente como virando a diplomacia do país de cabeça para baixo (Buarque, 2022c).

Desde que foi eleito para um terceiro mandato, em 2022, por outro lado, Lula abriu um caminho declarado para reconstruir laços diplomáticos e melhorar a projeção do país no exterior. Restaurar a imagem do Brasil e suas relações foi anunciado pelo chanceler Mauro Vieira como a "Doutrina Lula", focada na reconstrução dessas "pontes" dilapidadas pelo governo anterior (Winter, 2023).

A ponte mais proeminente que o governo Lula tentou reconstruir para promover o prestígio do país foi a da liderança ambiental. Sob Bolsonaro, o Brasil passou a ser visto no exterior como um problema na luta contra o aquecimento global. E o novo governo abraçou a causa como um caminho para projetar o Brasil internacionalmente. Antes mesmo de assumir o poder, Lula já viajou para a COP no Egito e passou a dar declarações sobre como o país buscaria ser um líder global na área. Ao longo do ano, o Plano Amazônia ajudou a renovar a aposta de usar a diplomacia ambiental como ferramenta para projeção do Brasil no mundo, e dados sobre a redução recorde no desmatamento da floresta publicados em novembro de fato impulsionaram positivamente a imagem nacional (Buarque, 2023c).

Além da questão ambiental, um dos primeiros passos dados pelo país foi a retomada da tentativa de construir uma liderança regional. A primeira viagem internacional de Lula foi à Argentina e ao Uruguai, marcando a volta do Brasil à Cúpula da Comunidade de Estados Latino-Americanos e Caribenhos (Celac). O processo é complexo, mas a intenção parecia clara.

Já a busca pelo fortalecimento do multilateralismo global pode ser vista como uma das áreas mais controversas da tentativa de retomar o protagonismo brasileiro no mundo. Em meio a uma grande polarização, o novo governo acenou de forma semelhante aos EUA e à China, defendeu fortalecimento do Brics e buscou atuar como mediador equidistante em conflitos como a guerra na Ucrânia e na Faixa de Gaza. São ações que teriam o potencial de impulsionar o perfil nacional, mas que muitas vezes foram mal recebidas, vistas como apoio a uma ou outra parte, e colocaram o Brasil "em cima do muro", gerando críticas de todos os lados.

O fortalecimento da democracia também voltou a ter um papel importante na tentativa de construção do status do Brasil sob Lula. Esse ponto foi marcante na visita do presidente aos Estados Unidos, onde se reuniu com Joe Biden. O fato de os dois países terem passado por movimentos golpistas semelhantes por trumpistas e bolsonaristas alinhava os governos no poder em 2023, e reforçava o papel de Lula e Biden contra movimentos autoritários no mundo. É claro que isso enfrenta questionamentos também por conta da defesa que membros do governo Lula fazem de ditaduras de esquerda, e do silêncio diante da situação política em países como a China e a Rússia, mas houve uma evidente tentativa de posicionar o Brasil como parte das democracias liberais do mundo, ao contrário do que houve sob Bolsonaro.

A retomada do profissionalismo do Itamaraty pôde ser vista na volta de Mauro Vieira à chefia do Ministério das Relações Exteriores (MRE). Após as transformações promovidas por Bolsonaro, a escolha de um diplomata que já havia servido como ministro foi uma tentativa de reorganizar a casa com alguém que já conhecia bem sua estrutura. Além disso, a atuação de Celso Amorim como assessor especial do presidente impulsionou o papel da diplomacia brasileira nos contatos internacionais. Assim como na questão do multilateralismo, há muita controvérsia envolvida, e os resultados não são garantidos, mas a atuação buscou essa formalização do papel do ministério.

Um caminho que ajudou a promover o prestígio brasileiro, mas que enfrenta resistência no governo Lula, é a participação em missões de paz da ONU. O Brasil de 2023 respondeu com ceticismo à tentativa norte-americana de retomar uma ação no Haiti, onde o país liderou a missão da ONU no passado, o que foi encerrado por Bolsonaro. Parte da percepção era de que o problema havia se tornado mais político, e que uma missão militar poderia ter um efeito negativo para o Brasil.

A política externa brasileira passou por mudanças radicais desde o início de 2023, tentando reconstruir as bases para impulsionar o prestígio brasileiro e desfazer os estragos do governo anterior. O processo não é linear e simples, e muitos dos passos geram controvérsias, porém é importante perceber que o governo trabalhou para melhorar o status do país.

IMAGEM RETOCADA

O trabalho para reverter os danos causados por Bolsonaro ao prestígio do Brasil no mundo teve resultado positivo pelo menos na imagem do país projetada pela imprensa internacional. Na comparação entre o último ano do presidente de extrema-direita e o primeiro ano de Lula no poder, registrou-se um aumento de nove pontos percentuais na proporção de notícias com tom positivo e redução proporcional nas de tom negativo desde que foi anunciada a "volta" do país[1].

---

1. Quanto à visibilidade do Brasil nos jornais investigados, nos meses avaliados em 2022 foram registradas 2.636 notícias sobre o país, com média de 67,6 notícias por semana; em todo o ano de 2023 foram publicadas 3.021 notícias com menção ao Brasil, média de 58 menções por semana.

Na média dos últimos meses de Bolsonaro como presidente em 2022 (dados de abril até o fim de dezembro), a proporção de notícias com tom neutro foi de 50%, seguida de 35% de menções ao país com tom negativo e apenas 15% de citações positivas. Desde a volta de Lula ao poder, a mudança se deu especialmente na divisão entre reportagens com tom positivo e negativo, com aumento das primeiras e queda das segundas. Entre 1º de janeiro e 31 de dezembro de 2023, o Brasil apareceu na mídia estrangeira com 50% das menções com tom neutro, 26% de notícias negativas e 24% positivas. Os dados são de um levantamento inédito do Índice de Interesse Internacional (iii-Brasil), desenvolvido pelo portal Interesse Nacional[2].

A mudança de tom foi perceptível desde a vitória de Lula nas eleições de 2022, com muitas reportagens a respeito do resultado do pleito adotando um tom elogioso em relação ao presidente eleito e às perspectivas para o país. A transformação ficou ainda mais clara quando se completaram os cem primeiros dias do novo governo, em abril. No total, um em cada cinco artigos publicados por jornais do exterior durante os primeiros meses do terceiro mandato de Lula teve tom positivo. Pode parecer um percentual pequeno, representando apenas 20% de todas as menções ao país na mídia internacional, mas trata-se de praticamente o dobro da proporção das citações favoráveis ao Brasil registradas durante os seis meses de governo de

---

2. O iii-Brasil é um índice semanal sobre a imagem do Brasil na imprensa internacional. Trata-se de uma pesquisa sistemática desenvolvida pelo Interesse Nacional desde abril de 2022, para coletar e analisar as citações referente ao país em sete dos principais veículos da imprensa internacional – com jornais dos EUA (*The New York Times*), do Reino Unido (*The Guardian*), da França (*Le Monde*), da Espanha (*El País*), de Portugal (*Público*), da China (*China Daily*), e da Argentina (*Clarín*) –, para identificar o que se fala sobre o Brasil no exterior e a possível influência da cobertura (positiva, neutra ou negativa) sobre a imagem internacional do país.

Jair Bolsonaro entre abril de 2022 e o fim de setembro do mesmo ano, antes das eleições presidenciais – 11%.

VOLTOU?

Por mais importante que seja a projeção do país na imprensa estrangeira, a ideia de reconstrução do prestígio do país vai além da questão da imagem do Brasil. Para entender de forma mais ampla o lugar que o país ocupa no mundo turbulento do início de 2024, este livro reúne doze artigos que analisam o que aconteceu ao longo deste primeiro ano do retorno de Lula ao poder e examinam o alcance e o significado dessa "volta" do país ao cenário internacional.

Escritos por diplomatas e acadêmicos de diferentes áreas, os textos se debruçam sobre a situação do Brasil após o fim do governo Bolsonaro e os avanços e desafios enfrentados pela volta de Lula ao poder. A ideia é traçar um diagnóstico dos impactos deixados pelo governo anterior, as medidas tomadas pela atual administração e a situação do país perante o mundo.

O embaixador Rubens Barbosa trata da atuação da diplomacia brasileira desde o regresso de Lula ao poder, com foco na reconstrução do lugar do Brasil no mundo. O diplomata Hayle Melim Gadelha discute como o país retomou o trabalho de tentar projetar o *soft power* brasileiro, assim como discute as limitações desse tipo de poder "suave". O cientista político Anthony W. Pereira aborda as transformações da política externa brasileira sob Bolsonaro e os impactos de longo prazo para a diplomacia do país. O diplomata Sergio Abreu e Lima Florêncio foca o que chama de "questão militar", tratando da história da presença das forças armadas na política brasileira (ampliada sob Bolsonaro) e da necessidade de separar o poder civil do militar. Em um estudo inédito e aprofundado, a professora Wânia Duleba e os pesquisadores Alisson Felipe Moraes Neves e Milena Maltese Zuffo avaliam o progresso do primeiro ano do governo Lula na área ambiental em relação à inovação das ações implementadas. O historiador Rafael R. Ioris trata da ampliação do Brics e de como isso pode influenciar na projeção internacional do Brasil.

A professora de Relações Internacionais Fernanda Cristina Nanci Izidro Gonçalves e o pesquisador Ghaio Nicodemos Barbosa analisam o ativismo do país na América do Sul ao longo do primeiro ano do terceiro mandato de Lula. O professor Miguel Mikelli Ribeiro aborda a estratégia de renovação do engajamento brasileiro na gestão de crises internacionais, sobretudo no caso de conflitos, e procura refletir sobre suas implicações na busca do Brasil por um assento permanente no Conselho de Segurança da ONU.

Em meio a um acirramento de disputas internacionais, a cientista política Fhoutine Marie analisa a discussão em torno da ideia de terrorismo no Brasil, com o uso do termo tanto em questões de política externa quanto no âmbito doméstico. O especialista em comércio exterior Mario Mugnaini Jr. trata dos impactos da eleição de Lula para as relações comerciais do país com o restante do mundo. E o editor-executivo do portal Interesse Nacional, Daniel Buarque, aborda a tentativa de Lula de promover a sua própria imagem e reabilitar o seu nome como sendo um dos políticos mais populares do planeta ao tratar da "volta" do Brasil ao cenário global.

São avaliações que ajudam a pensar sobre esse momento importante do posicionamento global do país. A obra enfrenta o desafio de reunir análises escritas enquanto a história acontece, mas é uma tentativa de dar sentido ao trabalho de reconstrução do Brasil, e tenta não ser datada ao desenvolver discussões aprofundadas no calor do momento.

REFERÊNCIAS

ANHOLT, S. *Competitive Identity*: The New Brand Management for Nations, Cities and Regions. Nova York: Palgrave Macmillan, 2007.

BUARQUE, D. The Tainted Spotlight – How Crisis Overshadowed Brazil's Public Diplomacy Bet in Hosting Sports Events and Led to a Downgrade of the Country's Reputation. *Revista Trama*, v. 8, n. 3, 2018. Disponível em: https://doi.org/10.5935/2177-5672/trama.v8n3p71-92. Acesso em: 30 jan. 2024.

BUARQUE, D. *Curb your Enthusiasm*: The Status of Brazil from the Perspective of Great Powers. Tese (Doutorado em Filosofia) – King's College London, Londres, 2022a. Disponível em: https://kclpure.kcl.ac.uk/portal/en/studentTheses/curb-your-enthusiasm. Acesso em: 24 jul. 2023.

BUARQUE, D. *O Brasil é um país sério?*: ensaios sobre a imagem internacional, da euforia à depressão. São Paulo: Pioneira, 2022b.

BUARQUE, D. Upside-Down Diplomacy – Foreign Perceptions about Bolsonaro's Intentions and Initial Transformations of Brazil's Foreign Policy and Status. *Third World Quarterly*, p. 1-17, 2022c. Disponível em: https://doi.org/10.1080/01436597.2022.2098103. Acesso em: 30 jan. 2024.

BUARQUE, D. Burning Bridges: The Paths to Increase Brazil's International Status nd Bolsonaro's "New Foreign Policy". *Carta Internacional*, v. 18, n. 1, p. e1291, 2023a. Disponível em: https://doi.org/10.21530/ci.v18n1.2023.1291. Acesso em: 30 jan. 2024.

BUARQUE, D. Daniel Buarque: Brasil é visto de fora como o país mais "divertido" do mundo. *Interesse Nacional*, 9 nov. 2023b. Disponível em: https://interessenacional.com.br/edicoes-posts/daniel-buarque-brasil-e-visto-de-fora-como-o-pais-mais-divertido-do-mundo/. Acesso em: 24 nov. 2023.

BUARQUE, D. Daniel Buarque: Com Plano Amazônia, Lula renova aposta na diplomacia ambiental e tenta criar uma marca para seu terceiro mandato. *Interesse Nacional*, 8 jun. 2023c. Disponível em: https://interessenacional.com.br/edicoes-posts/daniel-buarque-com-plano-amazonia-lula-renova-aposta-na-diplomacia-ambiental-e-tenta-criar-uma-marca-para-seu-terceiro-mandato/. Acesso em: 17 jul. 2023.

BONIN, R. O custo Bolsonaro na imagem internacional do Brasil. *Veja*, 21 set. 2021. Disponível em: https://veja.abril.com.br/blog/radar/o-custo-bolsonaro-na-imagem-internacional-do-brasil/. Acesso em: 30 jan. 2024.

DELLA COLETTA, R. Se atuação do Brasil nos faz um pária internacional, que sejamos esse pária, diz Ernesto. *Folha de S. Paulo*, 22 out. 2020. Disponível em: https://www1.folha.uol.com.br/mundo/2020/10/se-atuacao-do-brasil-nos-faz-um-paria-internacional-que-sejamos-esse-paria-diz-chanceler.shtml. Acesso em: 30 jan. 2024.

ESTEVES, P.; JUMBERT, M. G.; CARVALHO, B. de (org.). *Status and the Rise of Brazil*. Londres: Palgrave Macmillan, 2020.

LULA DA SILVA, L. I. Leia e veja a íntegra dos discursos de Lula após vitória nas eleições. *G1*, 31 out. 2022. Disponível em: https://g1.globo.com/politica/eleicoes/2022/noticia/2022/10/31/leia-e-veja-a-integra-dos-discursos-de-lula-apos-vitoria-nas-eleicoes.ghtml. Acesso em: 30 out. 2023.

LUPION, B. Após seis meses de Lula, qual é o Brasil que voltou à cena? *DW*, 1 jul. 2023. Disponível em: https://www.dw.com/pt-br/ap%C3%B3s-seis-meses-de-lula-qual-%C3%A9-o-brasil-que-voltou-%C3%A0-cena/a-66050183. Acesso em: 3 jul. 2023.

MACDONALD, P. K.; PARENT, J. M. The Status of Status in World Politics. *World Politics*, v. 73, n. 2, p. 358-391, 2021. Disponível em: https://doi.org/10.1017/S0043887120000301. Acesso em: 30 jan. 2024.

RODRIGUES, D. M., Leonardo. Lula repete fórmula ao priorizar viagens a países latinos e potências em 100 dias de governo. *CNN Brasil*, 8 abr. 2023. https://www.cnnbrasil.com.br/politica/lula-repete-formula-ao-priorizar-viagens-a-paises-latinos-e-potencias-em-100-dias-de-governo/. Acesso em: 26 jun. 2023.

SPRING, J.; JAMES, W. COP27: Greeted like a Rock Star, Brazil's Lula Promises to Protect Amazon. *Reuters*, 16 nov. 2022. Disponível em: https://www.reuters.com/business/cop/brazils-lula-put-climate-center-first-post-election-speech-abroad-2022-11-16/. Acesso em: 28 out. 2023.

WINTER, B. Q&A: Brazil's Foreign Minister Mauro Vieira on the "Lula Doctrine". *Americas Quarterly*, 23 mar. 2023. Disponível em: https://www.americasquarterly.org/article/qa-brazils-foreign-minister-mauro-vieira-on-the-lula-doctrine/. Acesso em: 23 mar. 2023.

O lugar do Brasil no mundo no terceiro governo Lula

Rubens Barbosa

A política externa e a economia foram as duas áreas mais dinâmicas, com maior atividade, e as que trouxeram maior controvérsia para Luiz Inácio Lula da Silva no primeiro ano do seu terceiro governo.

As prioridades na política externa, definidas pelo governo Lula a partir de janeiro de 2023, indicaram o marco no qual o Brasil voltou ao mundo com o protagonismo que se espera de uma das dez maiores economias do planeta e com interesses nacionais próprios. A volta do Brasil ao cenário internacional, o destaque ao meio ambiente e à mudança do clima e a importância da América do Sul, prioridades políticas definidas pelo novo governo, estão de acordo com o interesse nacional, em um momento de grandes transformações globais.

Os acontecimentos de 8 de janeiro em Brasília mudaram a agenda inicial do governo Lula, e o Itamaraty teve de focalizar também os prejuízos causados à percepção externa pelo impacto das imagens de destruição de prédios públicos, pela instabilidade política, bem como mostrar a força da democracia e das instituições no Brasil. O rápido controle da situação pelas medidas tomadas restabeleceu, embora precariamente, o clima de tranquilidade, devidamente apreciado no exterior, pelo apoio ao governo brasileiro e pela condenação dos atos antidemocráticos.

A crítica aos desmandos na política externa durante os primeiros dois anos do governo anterior poderia ter sido mais dura e direta, em vista dos prejuízos para a projeção externa do país. Poderia ter sido mais enfatizada a força da Instituição – o Itamaraty –, apesar das dificuldades derivadas das limitações impostas pelas restrições ideológicas do governo anterior. Mesmo levando em conta esses fatos, nos últimos dois anos do governo Bolsonaro foram reconstruídas pontes com a China e a Argentina, e modificadas algumas posições nas discussões em fóruns internacionais, em especial no tocante ao meio ambiente e mudança de clima.

O Itamaraty no governo Lula continuou a ter de enfrentar o desafio de recuperar seu papel central de coordenação de temas com repercussão externa. Ao longo dos últimos cinco anos, o Itamaraty perdeu espaço em temas como comércio exterior (mesmo no Mercosul), meio ambiente e mudança do clima, agenda de costumes, direitos humanos, entre outros. No novo governo, o Itamaraty começou perdendo a Apex e enfrentou, com limitado sucesso, o desafio de tentar coordenar as ações externas das pastas de Meio Ambiente, Direitos Humanos, Mulheres, Igualdade Racial e Povos Indígenas. O ministro Mauro Vieira, reagindo a questionamento sobre a atividade paralela da Assessoria Internacional do Palácio do Planalto, disse ser "reconfortante saber que poderá contar com Celso Amorim no Palácio para ajudar na reconstrução do patrimônio diplomático". A questão do esvaziamento do papel do Itamaraty como principal formulador e executor da política externa continuou presente durante todo o primeiro ano do governo Lula.

Haverá um "enorme trabalho de reconstrução depois de um retrocesso sem precedentes em nossa política externa pela visão ideológica limitante", disse Mauro Vieira. Nesse sentido, o Itamaraty retomou as relações com a Venezuela e promoveu a reabertura dos consulados para voltar a oferecer assistência aos brasileiros nesse país, mas somente no final de 2023 completou a designação da nova embaixadora em Caracas. O governo determinou a reabertura de algumas embaixadas na África (Ruanda e Serra Leoa) e no Caribe (Kingston); abriu escritório da Agência Brasileira de Cooperação (ABC) em Adis Abeba (Etiópia); retornou à política tradicional de apoio à criação de dois Estados na disputa entre Israel e Palestina, com crítica à visita do ministro da extrema-direita de Israel à Esplanada das Mesquitas em Jerusalém. Como presidente do Conselho de Segurança das Nações Unidas (CSNU), em outubro, teve papel relevante nas conversações multilaterais sobre o conflito Israel-Hamas.

Na área ambiental, foi criada no Itamaraty uma secretaria sobre meio ambiente, mudança de clima e energia; foi reativado o Fundo Amazônico, com a participação da Noruega e da Alemanha; reforçado o compromisso de cumprir o Acordo de Paris; e convocada reunião do Tratado de Cooperação Amazônico, na área multilateral. O Brasil voltou ao Pacto Global de Migrações; alguns votos nas Nações Unidas foram retificados com a recuperação das tradicionais posições da diplomacia nacional. A instituição, no exterior, promoveu substituição nas principais embaixadas, efetuou mudanças na estrutura da chancelaria e pela primeira vez uma mulher assumiu o segundo posto mais importante do ministério e outra embaixadora está chefiando a embaixada em Washington, D.C.

Simbolicamente, a primeira ação no exterior começou na Argentina com o encontro do presidente Lula com o presidente Alberto Fernández, em Buenos Aires, e com a volta do Brasil à Comunidade de Estados da América Latina e Caribe (Celac). Com esse gesto, retomou-se uma relação normal com a Argentina e recuperou-se o estreito contato com a região, corrigindo dois equívocos da era Bolsonaro. Lula visitou 24 países e manteve 144 encontros bilaterais com 57 países.

Na questão ambiental e de mudança climática, em que o Brasil é uma potência global, apesar da modificação na política, sobretudo em relação à Amazônia e à proteção às comunidades indígenas, não se conhece uma ação estratégica que inclua propostas para o cumprimento dos compromissos de redução de emissões de gás de efeito estufa ou para regulamentar o mercado voluntário e compulsório de gás carbono, sem falar nos retrocessos internos na política ambiental. O presidente Lula esteve presente, antes da posse, à reunião da COP-27 no Egito e, no ano seguinte, à COP-28 em Dubai, em novembro, indicando a importância atribuída às questões ambientais no seu governo. A decisão de realizar a COP-30 em 2025 no Pará e a convocação do Tratado de Cooperação Amazônica, depois de quinze anos, foram resultados positivos nessa área.

No tocante à América do Sul, além do controvertido apoio financeiro à Argentina e político à Venezuela, Lula decidiu retomar a iniciativa de 2000 e 2002 do presidente Fernando Henrique Cardoso e promoveu reunião presidencial para coordenar políticas visando a maior integração regional. O resultado do encontro presidencial regional pode ser considerado como limitado e longe do que o presidente Lula pretendia. Moeda única, recriação da Unasul com o estabelecimento de uma nova instituição, defendidos pelo Brasil, não foram acolhidos. Nem o prazo de 120 dias para os chanceleres apresentarem sugestões de ação aos presidentes foi aceito.

A América do Sul está desintegrada e sem perspectiva de avançar no processo de integração no curto prazo. Sem uma visão estratégica e sem a apresentação de propostas que respondam aos desafios atuais das transformações globais, prevaleceu a discussão ideológica divisiva. O discurso público de Lula, desatualizado e ideológico, valorizou Venezuela, Nicarágua e Cuba, gerou divisão política e pôs em risco a liderança que o Brasil deveria exercer na região.

Na retomada de um papel atuante do Brasil, a ênfase no multilateralismo, na multipolaridade, na restauração da credibilidade e na melhora da percepção externa estiveram no centro das preocupações de Lula. A reforma dos organismos multilaterais, em especial o Conselho de Segurança da ONU, e o fortalecimento da OMC, bem como a atualização da agenda brasileiras nessas instituições, desgastadas nos últimos anos, fez parte da ação do Itamaraty. A posição de independência em relação às guerras na Ucrânia e em Gaza e às tensões entre os EUA e a China foi mantida, mas poderá ser testada caso a crise em relação a Taiwan se agrave. A prioridade para a formação do grupo da paz para a guerra na Ucrânia e a suspensão das hostilidades por questões humanitárias em Gaza, quando ninguém estava interessado nelas, foram equívocos que mostraram um protagonismo percebido como desequilibrado e até ingênuo. O Brasil apoiou a decisão da ONU de enviar tropas do Quênia para controlar a situação interna no Haiti.

O governo ainda está devendo iniciativas para definir uma política para o Brics, para a OCDE e para reduzir as vulnerabilidades externas, expostas depois da pandemia e da guerra da Ucrânia. As declarações de Lula sobre os conflitos na Europa e no Oriente Médio expuseram a dependência externa brasileira dos equipamentos bélicos da Otan e as contradições entre o Ministério da Defesa e o Itamaraty no tocante à exportação de produtos de defesa.

Nada foi feito para revitalizar o Mercosul e, em outubro, a Câmara dos Deputados aprovou o ingresso da Bolívia no bloco sub-regional, depois de mais de cinco anos do final das negociações. O Senado aprovou o ingresso em dezembro, e a Bolívia se tornou membro pleno do Mercosul na última reunião presidencial, mas haverá um período de transição de quatro anos para a incorporação das regras do bloco ao sistema jurídico boliviano. Resta saber se a Bolívia estará disposta a cumprir as cláusulas econômicas e comerciais do Mercosul.

Nas negociações comerciais do Mercosul, o governo ameaçou reabrir o acordo Mercosul-União Europeia (UE) no tocante a compras governamentais, o que poderia inviabilizar sua assinatura. O governo brasileiro, na presidência do Mercosul, coordenou resposta à *side letter* enviada pela UE em termos inaceitáveis sobre compromissos adicionais aos contidos no acordo no capítulo sobre desenvolvimento sustentável e comércio exterior. Na resposta, foram rejeitados os termos do protocolo adicional e reafirmados os compromissos do acordo sem a demanda de reabertura das negociações. As negociações se intensificaram nos últimos meses do ano, durante a presidência do Brasil, para permitir que a conclusão fosse anunciada no encontro de cúpula do Mercosul no início de dezembro. Os entendimentos estavam bem encaminhados, mas, na última semana antes da reunião, o governo argentino comunicou que não iria aprovar a conclusão do acordo e que o governo de Javier Milei deveria dar a palavra final depois de sua posse no dia 10 de dezembro. O novo governo argentino e a direção da UE se manifestaram favoráveis à finalização do texto do acordo, que ficou para ser assinado em 2024. O acordo com Singapura, o primeiro com a Ásia, foi assinado no encontro presidencial de dezembro.

Um dos momentos mais importantes na política externa em 2023 foi o discurso de Lula na Assembleia Geral das Nações Unidas. Nessa oportunidade, o presidente fugiu da regra dos discursos presidenciais da última década. O próprio Lula, Dilma Rousseff e Bolsonaro aproveitaram a tribuna da ONU para falar para seu público interno. As longas e cansativas falas eram na realidade memorandos sobre a política e a economia domésticas do Brasil. A grande e importante novidade foi a maneira como as posições do governo brasileiro foram apresentadas. Lula se dirigiu ao mundo e não ao público interno. No centro de sua exposição esteve a desigualdade em todos os aspectos – políticos, econômicos, comerciais, sociais –, reiterando o interesse brasileiro em cumprir todos os compromissos internacionais e domésticos para buscar a redução desses desequilíbrios. Criticou os reduzidos progressos nos programas internacionais para esse objetivo, inclusive a Agenda 2030 e seus 17 objetivos, e anunciou um 18º programa que o Brasil irá implementar, o Brasil Sem Fome.

Na apresentação, o presidente não trouxe qualquer novo assunto. Todos os temas que tratou nos primeiros nove meses de governo, com a ênfase de que o Brasil está de volta ao cenário internacional, foram reiterados. Questões que o Brasil abordou nas 21 reuniões bilaterais no exterior e nos encontros multilaterais como a COP no Egito, no G-20, no Brics, na reunião de cúpula dos presidentes sul-americanos, na Cúpula da Organização do Tratado de Cooperação Amazônica e no G-77 foram apresentados de maneira clara para a Assembleia Geral. Desenvolvimento social (combate à fome e à pobreza), desenvolvimento sustentável, energia renovável, reforma da governança dos organismos internacionais, unilateralismo nas decisões dos países desenvolvidos no tocante às sanções econômicas e comerciais, defesa da democracia, crítica da extrema-direita nacionalista e autoritária, liberdade de imprensa e desinformação e fim do desmatamento da Amazônia também estiveram presentes no discurso.

Nesse contexto, reiterou as críticas à inoperância e à paralisia do Conselho de Segurança da ONU e a necessidade de sua ampliação entre os membros permanentes e nos rotativos e insistiu na reforma do Banco Mundial e do FMI, tanto na governança quanto nos recursos destinados aos países mais pobres. Não deixou de mencionar a necessidade de se buscar a paz na Europa, reiterando a posição de equidistância do Brasil ao condenar a invasão e a perda da integridade territorial da Ucrânia, contrárias à Carta das Nações Unidas.

Lula, assim, mostrou a aspiração do Brasil – e de si próprio, indiretamente – de ter um papel de liderança nos temas que considera prioritários para a segurança global. Coerente com sua narrativa sobre a volta do Brasil ao cenário internacional, o presidente indicou sua percepção de qual deve ser o lugar do Brasil no mundo, os objetivos nacionais nas áreas em que tem poder específico e como o país pode contribuir para alcançar a redução das desigualdades em todos os aspectos. Nesse contexto mencionou o papel que a nação vai desempenhar nas próximas reuniões, em 2024 e 2025, no G-20, na COP-30 e no Brics, que serão realizadas em solo brasileiro.

NOVA ORDEM

A ordem internacional nos últimos tempos vem se caracterizando por incerteza e insegurança. As transformações na economia global, a pandemia, as tensões entre os EUA e a China, a guerra da Rússia na Ucrânia e a guerra entre Israel e o Hamas afetam todos os países. Os ataques terroristas da organização política, religiosa (sunita) e militar Hamas contra Israel trouxeram um elemento adicional gravíssimo ao cenário global pelo impacto econômico e político que poderá acarretar se a escalada do conflito não for contida. Depois da bipolarização da Guerra Fria, com a queda do muro de Berlim em 1989 e o fim da União Soviética em 1991, surgiu uma nova ordem global. Emergiu um mundo unipolar com os EUA como a única superpotência e com a globalização financeira, econômica e comercial, gerando a expansão econômica liberal e o crescimento da economia global. Essa ordem mundial começou a mudar na primeira década do século 21 com a volta da China como potência e o início da disputa com os EUA pela hegemonia global.

Nesse contexto, está se conformando um mundo dividido em torno de novos eixos, com a perspectiva de confrontação do Ocidente (EUA e Europa) com a Eurásia (China, Rússia e outros países da Ásia). Emerge, na narrativa ocidental, um mundo bipolar, mas em outras bases, visto que a disputa entre Washington e Pequim não é sobre a supremacia ideológica ou militar, mas econômica, comercial e tecnológica, até então. Na visão chinesa e russa, surge uma ordem multipolar, pós-ocidental, a do Ocidente contra o restante do mundo. De um lado, acelerou uma aliança estratégica, sem limites, em todas as áreas entre a China e a Rússia e, de outro, fortaleceu a aliança dos EUA com os países membros da Otan, com o apoio à Ucrânia.

A invasão russa à Ucrânia e a ofensiva israelense contra o Hamas, os fatos mais relevantes desde a queda do muro de Berlin em 1989, marcaram o início de uma nova era e, ao contrário da situação que prevaleceu nos últimos vinte anos, representam a prevalência da geopolítica, com ênfase na segurança nacional, sobre a economia e a globalização. Não há perspectiva para a suspensão das hostilidades na Ucrânia, e a possibilidade de escalada dos conflitos com consequências imprevisíveis é real. O rearmamento da Alemanha e do Japão, com o aumento dos gastos com Defesa, o esvaziamento do

G-7 e do G-20, além dos custos elevados da energia, são outras características da nova ordem (ou desordem) internacional, que ocorre simultaneamente à consolidação da nova ordem econômica global. O crescimento da influência da opinião pública e o aumento do antissemitismo e da islamofobia são outros fatos novos.

Do ponto de vista geopolítico, o risco mais importante diz respeito à eventual escalada do conflito no Oriente Médio, com possibilidade de expansão em nível regional. O ataque e a reação, até o fim de 2023, estavam limitados a Israel e Hamas e geograficamente à Faixa de Gaza. O risco maior seria a abertura de outra frente no norte de Israel e no Líbano, com a interveniência do Hezbollah, organização política, religiosa (xiita) e militar. Até o fim do ano, os atritos foram limitados, mas caso haja uma escalada poderá haver uma intervenção do Irã, que apoia o Hezbollah. O governo do Irã nega qualquer apoio aos ataques do Hamas, mas, nos EUA, informações do governo foram vazadas indicando a suspeita de ação iraniana. Se houver uma escalada bélica, o Líbano e o Irã seriam alvos de ataques militares de Israel com apoio dos EUA e de países ocidentais. Arábia Saudita, Turquia e Catar poderiam atuar para reduzir os riscos dessa escalada bélica.

Essas considerações de ordem geopolítica impactam, de forma crescente, as políticas externa, de defesa e comercial de todos os países. Apesar da declaração de Biden de que não pediria que os países escolhessem um lado na divisão global, não será surpresa se lealdades começarem a ser cobradas, sobretudo se houver uma escalada bélica e o conflito se ampliar além da Ucrânia e do Oriente Médio. O governo de Washington está discutindo uma nova postura no relacionamento bilateral com a China, como evidenciado no encontro de novembro entre Biden e Xi Jinping, e possíveis medidas contra países que ajudam a Rússia a contornar sanções, com restrições no comércio de semicondutores e de produtos de uso dual, como eletroeletrônicos, de telecomunicações e chips.

Caso esse cenário se confirme, nações como o Brasil terão de enfrentar difíceis opções de política externa. O Brasil foi colocado pelos EUA como aliado estratégico fora da Otan e faz parte do Brics com Rússia, Índia, China e África do Sul (além dos novos países incluídos em 2023). Compartilhando valores do Ocidente (democracia, livre comércio, imprensa livre) e com estreitos laços comerciais, econômicos, culturais e de defesa com os EUA e países europeus, o Brasil tem hoje interesses concretos a defender na Ásia, nossa maior parceira comercial.

O país tem de defender seus valores ocidentais e preservar seus interesses asiáticos, evitando que considerações ideológicas e geopolíticas tenham influência decisiva na definição de políticas. O governo brasileiro tem sido confrontado com essas opções em votações nos organismos internacionais e em gestões diplomáticas, como no caso do não fornecimento de munição para tanques na Ucrânia e na autorização para navios de guerra iranianos entrarem em portos nacionais. Ações de ativismo diplomático, contudo, como a iniciativa de criar um grupo da paz para a suspensão das hostilidades na Ucrânia e a cessação das hostilidades em Gaza, não tiveram êxito. A conduta do governo brasileiro durante a presidência do CSNU tampouco obteve os resultados positivos esperados por Lula.

A maioria dos países em desenvolvimento da África, da América Latina e da Ásia tem se manifestado contra a divisão do mundo, apresentada como um fato consumado. O ministro Mauro Vieira declarou, acertadamente, que o Brasil vai seguir o interesse nacional (político, econômico e comercial), mantendo uma posição de independência em relação aos dois conflitos. A política externa é uma política de Estado, devendo afirmar-se acima de ideologias ou preferências partidárias. A exemplo da Índia, o Brasil, reconhecendo as novas realidades mundiais, deveria manifestar formal e publicamente sua posição de independência em relação aos dois lados, acima de ideologias ou preferências partidárias, na defesa estrita de seus interesses políticos, econômicos e comerciais.

O ativismo diplomático, evidenciado na proposta de paz na Ucrânia, na reunião presidencial regional e na presidência rotativa do CSNU na crise de Gaza, trouxe mais desgastes para o governo e para a imagem presidencial do que resultados concretos. No tocante à guerra na Ucrânia, no encontro do G-7, as ambiguidades do discurso de Lula e a controvérsia quanto ao encontro frustrado entre ele e Zelensky tornaram-se mais evidentes. Algumas declarações públicas do governo nesse particular e no tocante à guerra de Israel contra o Hamas colocaram em dúvida a equidistância do Brasil, gerando a percepção de que o presidente teria assumido um dos lados.

O governo brasileiro, por nota oficial, condenou o ataque terrorista do Hamas, pediu negociações entre as partes e reafirmou a política de criação de Estado Palestino e o reconhecimento de Israel com ambas as fronteiras reconhecidas internacionalmente. Voltando a se manifestar sobre questões internas, depois de sua operação em meados de outubro, Lula condenou os ataques terroristas do Hamas contra as crianças em Israel, mas chamou de insana e terrorista a reação militar israelense contra crianças palestinas. O assessor internacional da presidência, em reunião sobre questões humanitárias em Paris, disse que a morte de civis em Gaza poderia ser equiparada a genocídio.

A paralisia das Nações Unidas e do Conselho de Segurança, inclusive em outubro, sob a presidência do Brasil, não foi novidade. A morte de funcionários da ONU e a crise humanitária forçaram pela primeira vez o secretário-geral da organização, António Guterres, a se manifestar por nota formal com críticas ao cerco estabelecido por Israel sobre Gaza e alerta para os ataques contra escolas e hospitais, condenando os ataques abomináveis do Hamas e o corte de fornecimento de alimentos, luz e água. A possibilidade de um corredor para reduzir os efeitos sobre a população civil foi discutida. O governo brasileiro apoiou Guterres, depois do pedido de renúncia feito pelo governo de Israel, após esse pronunciamento perante a Assembleia Geral da ONU.

Na presidência rotativa do Conselho de Segurança das Nações Unidas, em outubro, o Brasil participou ativamente das negociações para a aprovação de resolução condenando os atos terroristas contra Israel, pedindo a libertação dos reféns e uma trégua nas hostilidades para fins humanitários, com a abertura de um corredor que permitisse assistência aos habitantes de Gaza. A resolução recebeu apoio de doze membros do CSNU, teve duas abstenções, mas foi vetada pelos Estados Unidos porque não havia sido incluída referência ao direito de autodefesa de Israel. O Brasil também foi convidado a participar de encontro no Egito convocado por cinquenta países para discutir a questão, sem qualquer avanço diplomático. No final da presidência brasileira no CSNU, foi posta em votação nova resolução apresentada pelos EUA, ressaltando o direito de defesa de Israel, que também foi vetada, desta feita pela Rússia, com abstenção brasileira.

Em diversos pronunciamentos, o presidente Lula chamou o primeiro-ministro de Israel de insano pelos ataques que atingiram letalmente a população civil ("loucura") e defendeu a suspensão das hostilidades e a abertura de corredor humanitário para permitir a saída de estrangeiros da Faixa de Gaza. Lula também falou sobre a controvérsia de o governo brasileiro não chamar o Hamas de grupo terrorista, por aceitar apenas essa denominação quando aprovada pela ONU, e manifestou-se "radicalmente contra" o direito de veto dos cinco membros do Conselho de Segurança. O ministro Mauro Vieira criticou tanto os ataques terroristas do Hamas quanto a forma como Israel retaliou, assinalando ser "imperioso garantir o total respeito aos direitos humanos e ao direito dos refugiados". Por outro lado, o governo brasileiro atuou com rapidez e competência para a retirada de cerca de 1.500 brasileiros de Israel, da Cisjordânia e da Faixa de Gaza.

O impacto da guerra já se faz sentir na economia global pelo aumento do preço do petróleo, do ouro e de produtos agrícolas. Se a crise escalar, com o Irã envolvido, o impacto será muito forte. No contexto desse quadro mais amplo, a relação entre Israel e a Palestina só poderá sair do impasse de mais de setenta anos, com sucessivas confrontações militares, se for desenhada uma nova abordagem a partir da substituição das atuais lideranças em Tel Aviv e na Autoridade Palestina, em Ramalah, para a criação do Estado Palestino, como defendido pelo Brasil – e agora, com mais intensidade, pelos EUA. Se isso se concretizar, resta saber como o governo brasileiro vai se posicionar em apoio à iniciativa norte-americana.

ATIVIDADE INTENSA

Na segunda metade de 2023, a atividade diplomática do governo Lula continuou bastante intensa.

A hidrovia Paraná-Paraguai, que está se tornando cada vez mais estratégica pela crescente produção agrícola e mineral brasileira e pelos problemas logísticos que começam a ser enfrentados, foi cenário de um sério problema diplomático. A Argentina decidiu cobrar pedágio (US$1,47/ tonelada) no trecho entre o porto de Santa Fé e a confluência com o rio Paraguai, quer seja tráfego internacional ou de cabotagem, com a argumentação de que precisava cobrir os custos com obras de manutenção. A situação se agravou pela apreensão do rebocador *HB GRUS*, de bandeira paraguaia, mas de propriedade da empresa Hidrovias do Brasil, pela Prefeitura Naval argentina, por alegado atraso no pagamento do pedágio. O pagamento foi, afinal, realizado sob protesto. No início de setembro, o cenário voltou a se agravar com a retenção de barcaça paraguaia com combustíveis. Para o Itamaraty, o caso era "preocupante", visto que contrariava o princípio da liberdade de navegação e criava enorme insegurança jurídica, o que, por sua vez, prejudicaria "os investimentos associados ao desenvolvimento da hidrovia como opção central de escoamento de cargas na região da Bacia do Prata". "Do ponto de vista brasileiro, preocupa o acirramento da situação com a retenção de embarcações em função de cobrança de dívida, quando a discussão sobre o pedágio vem sendo legitimamente questionada pelos demais Estados- -membros do Acordo da Hidrovia no marco daquele instrumento", notou o Itamaraty.

Como forma de superar essa dificuldade, torna-se urgente o estabelecimento pelos governos de Argentina, Bolívia, Brasil, Paraguai e Uruguai de uma autoridade internacional para gerir a operação da hidrovia, a exemplo do que ocorre na Europa com o Danúbio e o Reno, e nos EUA com o Mississipi. Essa instância poderia ser criada por uma emenda ao acordo de Transporte Fluvial de 1992 e seria integrada pelo governo e pelo setor privado, representando empresas dos países membros do acordo de 1992, conforme proposto no governo de Michel Temer ao governo argentino, sem sucesso.

Em julho, em Cabo Verde, Lula criou nova controvérsia ao agradecer a África por "tudo o que foi produzido nos 350 anos de escravidão".

A reunião entre a UE e a Celac, em Bruxelas, em julho, contou com a presença de Lula, que aproveitou para tratar das negociações entre o Mercosul e a UE. Sucessivas reuniões técnicas e políticas, como o encontro com o primeiro-ministro da Alemanha, em dezembro, procuraram encontrar fórmulas para concluir os entendimentos para a assinatura do acordo no final da presidência do Brasil, sem sucesso.

No fim de setembro, Lula participou do fórum do G-77, em Havana, e manteve reunião bilateral com o presidente cubano, Miguel Díaz-Canel. Na oportunidade, disse que o embargo econômico norte-americano é ilegal e condenou a inclusão de Cuba na lista dos EUA de nações patrocinadoras do terrorismo.

No tocante ao relacionamento com a Venezuela, em outubro foram assinados dois acordos entre o governo de Nicolás Maduro e a coalizão opositora Plataforma Unitária Democrática, sobre direitos políticos e proteção de interesses vitais da nação, com medição da Noruega, e que contou, além do Brasil, com México, Rússia, Colômbia e Holanda como testemunhas, abordando as próximas eleições presidenciais na Venezuela em 2024.

O Brasil normalizou as relações com o regime chavista com a reabertura da embaixada em Caracas. Em agosto, durante a reunião de cúpula da Organização do Tratado de Cooperação Amazônica, Lula deu tratamento especial a Maduro, em reunião bilateral, antes do início da Conferência. Na oportunidade, falou que havia uma narrativa contra a Venezuela e disse que a democracia é um conceito relativo porque Maduro tinha realizado mais eleições do que no Brasil. Sua fala foi criticada por líderes, como o presidente do Uruguai, Lacalle Pou (centro-direita) e pelo presidente do Chile, Gabriel Boric, de esquerda. Em um encontro no Itamaraty, Pou afirmou que Lula "tapa o sol com a peneira" quando faz esse tipo de afirmação. Já Boric disse que as declarações são "descoladas da realidade". No governo anterior, Bolsonaro reconhecia o então presidente da Assembleia Nacional, Juan Guaidó, como governante venezuelano, seguindo uma iniciativa do ex-presidente dos Estados Unidos, Donald Trump. Embora não rompendo relações com a Venezuela, o Brasil congelou o relacionamento, retirando os diplomatas da embaixada em Caracas e fechando os consulados naquele país, deixando os brasileiros sem assistência consular.

A partir de janeiro de 2023, o Brasil buscou influir no processo de mediação entre governo e oposição em conversas diretas em Caracas e junto ao governo do presidente Gustavo Petro, da Colômbia, e com representantes dos governos de Washington e de Oslo. O acordo ressaltava o repúdio a qualquer forma de violência no exercício da política e previa que as eleições deveriam ocorrer no segundo semestre de 2024, com a presença de observadores internacionais, inclusive a União Europeia. Houve concordância em respeitar os processos de escolha interna de cada ator político. Deverá haver uma atualização do registro eleitoral, incluindo no exterior. Dentre as "missões técnicas de observação eleitoral" estão a União Europeia, a ONU, a União Africana, a União Interamericana de Organismos Eleitorais e o Centro Carter. O presidente Lula manifestou-se na mídia social, saudando a assinatura dos Acordos para Promoção dos Direitos Políticos e Garantias Eleitorais e para Garantia dos Interesses Vitais da Nação entre o governo da Venezuela e a oposição no país. A oposição escolheu Maria Corina como candidata contra Maduro nas eleições presidenciais no segundo semestre de 2024, embora esteja inabilitada por decisão do governo de Caracas. O governo Lula atuou no sentido de Maduro rever a posição e revogar a inabilitação. Caso isso não ocorresse, os EUA poderiam rever a suspensão das sanções.

Por outro lado, na frente externa o governo venezuelano ameaçou desrespeitar decisões internacionais e anexar quase 75% do território da Guiana, criando a província do Essequibo. O assunto, em novembro, foi tratado na reunião de ministros da Defesa da América do Sul, em gestões da chancelaria junto aos dois governos e aos demais países da região e na visita do assessor internacional de Lula a Caracas. Na prática, dificilmente a Venezuela poderia incorporar pela força parte do território vizinho da Guiana. Mas o estrago político estava feito, com o aumento da instabilidade na América do Sul. A invasão da Guiana teria implicações geopolíticas e poderia envolver Otan e EUA (em apoio às petroleiras americanas que exploram *offshore* na Guiana, no Reino Unido e na França), com seu estabelecimento na Amazônia, inclusive com a criação de uma base militar. Caso levasse adiante essa ameaça, poderia haver um conflito na fronteira do Brasil.

O presidente Lula coordenou na reunião do Mercosul, em dezembro, uma declaração pedindo moderação. A ameaça de anexação ilegal do território da Guiana passou a representar um grande desafio à política externa de Lula. O Brasil compareceu como observador, junto com a Colômbia, à reunião entre a Venezuela e a Guiana, convocada pelo presidente da Celac em Kingston. Em declaração conjunta, ao final do encontro, ficou afastada a ameaça de invasão do território guianense e marcada nova reunião no Brasil. A presença militar britânica, no final do ano, resultou em movimentação do exército venezuelano na fronteira, mas não era provável confrontação bélica na região.

O governo Lula manteve o apoio à construção de rotas e corredores bioceânicos na América do Sul como uma resposta para o deslocamento do eixo da economia mundial do Atlântico Norte para o Pacífico. A promoção dos corredores terrestres bioceânicos deve ser vista como um objetivo estratégico. Não só se valorizam os Estados articuladores, mas também se fortalecem as relações com o Paraguai, Peru, Bolívia, Uruguai, Argentina, Chile, entre outros, e se facilitam e aceleram a integração com a economia global. Exemplo concreto é o Corredor Bioceânico de Capricórnio ligando o Brasil (porto de Santos, Campo Grande e Porto Murtinho) ao Paraguai, à Argentina e aos portos do norte do Chile (Iquique e Antofagasta), com extensão de 2.250 km. O Corredor estará utilizável com a conclusão das obras da Ponte Carmelo Peralta-Porto Murtinho, no primeiro trimestre de 2025, e o último trecho da Transchaco (220 km). Os governos brasileiro, paraguaio, argentino e chileno já reconhecem essa Rota Bioceânica (ou Corredor Bioceânico de Capricórnio) como uma realidade, "tendo passado a instância de projeto", conforme Declaração de Salta, de abril de 2022. Falta agora concretizar a integração logística e aduaneira para que os produtos brasileiros possam alcançar o mercado asiático pela rota mais direta e rápida pelo Pacífico.

As eleições presidenciais na Argentina no fim de 2023 foram acompanhadas muito de perto pelo governo brasileiro. O candidato Sergio Massa foi recebido durante a campanha pelo presidente Lula, que não fez segredo em manifestar seu apoio ao então ministro da Economia contra Javier Milei, com medidas concretas como transferência de recursos financeiros e o envio de marqueteiros que trabalharam na campanha lulista na eleição de 2022. Logo após os resultados do primeiro turno, Lula saudou a vitória de Massa, e depois do segundo turno, a vitória de Milei, que acusou Lula de corrupto e comunista, foi recebida com tranquilidade. O presidente brasileiro cumprimentou apenas o povo argentino pela manifestação democrática, não tendo havido nota oficial do governo brasileiro cumprimentando o novo presidente. Na posse de Milei, o governo brasileiro foi representado pelo ministro Mauro Vieira. O Itamaraty atuou no sentido de separar as relações institucionais entre Estados e o relacionamento pessoal dos chefes de Estado, e tudo indica que na economia e no comércio exterior deverá prevalecer a normalidade. Por proposta do Brasil, a Argentina foi convidada a ingressar no Brics, mas Milei, em carta a Lula, declinou formalmente o convite.

O governo Lula deu continuidade às negociações com a França e com a Agência Internacional de Energia Atômica sobre questões relacionadas com a construção de um submarino nuclear, um dos temas mais sensíveis em termos de política externa. Com a França dentro do acordo de parceria estratégica de 2008, o Brasil busca equipamentos e *know how* para integrar o reator nuclear (que está sendo construído) ao submarino. A delicadeza da matéria deriva do fato de que os EUA se opõem à venda dos equipamentos e à transferência de tecnologia para impedir que outro país ocidental tenha essa capacidade militar. Com a agência internacional, está em negociação a autorização de passagem do urânio enriquecido pelo Atlântico Sul.

Dando seguimento a seu envolvimento em encontros multilaterais, Lula participou em novembro de reunião virtual do G-20 (quando assumiu a presidência do grupo), do Brics sobre a guerra em Gaza e da COP-29 em Dubai, reiterando a visão brasileira sobre o cessar-fogo e as questões humanitárias e mantendo uma posição construtiva e proativa na agenda de mudança do clima.

RESULTADOS POSITIVOS

Em conclusão, no primeiro ano do governo Lula na condução da política externa os resultados foram mais positivos do que negativos.

Apesar de toda a ação diplomática, a questão que ficou aparente foi a ausência de uma visão estratégica de médio e longo prazo no planejamento e na implementação da prioridade da política externa. Faltava ainda uma referência mais clara aos desafios resultantes das rápidas transformações na geopolítica global e nos avanços tecnológicos, com a inteligência artificial, bem como definir qual a posição em relação ao Brics depois da mudança de posição na última reunião do grupo em agosto, quando o Brasil aceitou a pretensão da China de aumentar o número de países membros, de cinco para onze. Com a inclusão de países do Oriente Médio e do Irã, o Brics pode transformar-se em um movimento antiocidental que se contrapõe aos Estados Unidos, à Europa e a alguns países asiáticos. As tensões EUA-China e a guerra na Ucrânia estão trazendo impactos nas políticas externa, de defesa e comercial de todos os países, e o Brasil não é uma exceção. A guerra de Israel com o Hamas acrescentou novos desafios geopolíticos para a política externa brasileira. Em relação aos compromissos de redução de gás de efeito estufa, assumidos por nós no contexto do acordo de Paris de 2015, e sobre desmatamento zero em 2030, não há um planejamento estratégico para se alcançar os níveis propostos voluntariamente pelo Brasil.

O protagonismo buscado por Lula, visando a paz no contexto das guerras na Ucrânia e em Gaza e os reduzidos resultados durante a presidência brasileira no Conselho de Segurança da ONU mostraram as limitações da política externa e a reduzida influência nos pontos críticos militares da geopolítica global. Não há excedente de poder para que a voz do Brasil seja ouvida de forma decisiva.

Alguns aspectos negativos da política externa ao longo do ano podem ser atribuídos à influência das prioridades e percepções do PT, como a tentativa de recriação da Unasul, a volta da Celac, a oposição à entrada na OCDE, ao acordo do Mercosul com a UE e ao continuado apoio aos regimes autoritários em Cuba, Venezuela e Nicarágua. Até aqui, no entanto, não se pode dizer que a política externa foi contaminada pela ideologia e pela partidarização. Os sinais, porém, são preocupantes, sobretudo em função do tratamento dado à Venezuela e das declarações em relação à guerra na Ucrânia.

A dualidade de funções entre a assessoria presidencial e o ministro do Exterior indicou o continuado esvaziamento do MRE. Em balanço de fim de ano, Celso Amorim disse que a política externa de Lula é "altiva, ativa e ecológica".

Com tantos problemas políticos, econômicos e sociais internos, a pesada agenda externa de Lula ampliou os ruídos no Congresso e na opinião pública contra o protagonismo internacional do presidente. Caso a política externa atual, como aconteceu no segundo mandato de Lula e no governo Dilma, ganhe contornos ideológicos também na área externa, o presidente pode perder prestígio e credibilidade. Suas declarações públicas durante todo o primeiro ano de governo, tanto em relação à política econômica interna quanto em relação à ação diplomática, deixam uma interrogação quanto ao desenvolvimento da política governamental nessas áreas nos próximos anos.

A política da negação: bolsonarismo e política externa brasileira

Anthony W. Pereira

A política externa brasileira sob o presidente Jair Bolsonaro (2019-2022) foi marcadamente distinta de tudo visto na história da República, e certamente desde o retorno à democracia na década de 1980. Alinhada incondicionalmente ao presidente dos EUA, Donald Trump, e ecoando tropos ideológicos de extrema-direita, como a oposição ao "globalismo", ao "marxismo cultural" e à "ideologia de gênero", a política reverteu não apenas as prioridades dos governos do PT, de 2003-2016, mas também as dos governos do PSDB de Fernando Henrique Cardoso, de 1995-2002. Em uma área política anteriormente marcada por um elevado grau de profissionalismo, continuidade e tradição, os quatro anos do presidente Bolsonaro representaram uma ruptura sem precedentes.

Este capítulo avalia o impacto do bolsonarismo na política externa brasileira. Analisa, também, as origens de algumas das principais posições de política externa do governo Bolsonaro antes de examinar algumas das primeiras decisões e ações de sua administração. Em seguida, descreve quantas das posições mais controversas da administração Bolsonaro foram abandonadas ou revertidas, em parte devido à oposição dentro da própria coligação governamental. Na conclusão são avaliadas as conquistas e legados do bolsonarismo na política externa.

ANTECEDENTES

Algumas críticas à política externa do governo Lula de 2003 a 2010 podem ser vistas em retrospectiva como tendo afinidades com o bolsonarismo. Estas críticas centraram-se no que foi visto como uma ênfase exagerada na diplomacia Sul-Sul e em uma orientação que colocava a relação do Brasil com os países capitalistas avançados em um nível abaixo das relações com os países em desenvolvimento (Barbosa, 2011, p. 18). Para os críticos, a política externa "ativa e altiva" de Lula (Amorim, 2015) por vezes prometia demasiado e não era cumprida (por exemplo, o acordo nuclear de Teerã de 2010 entre o Irã, a Turquia e o Brasil foi rejeitado pelo Conselho de Segurança das Nações Unidas). Houve também críticas de que a política partidária influenciou indevidamente a política externa do presidente Lula. Celso Amorim, ministro das Relações Exteriores de Lula, ingressou no PT, em uma medida que foi vista por alguns como uma ruptura com a tradição de apartidarismo no Itamaraty. Outro membro do PT, Marco Aurélio Garcia, conselheiro de política externa de Lula, desempenhou um papel importante nas negociações com outros governos de esquerda na região. Garcia foi visto como pouco crítico das tendências autoritárias de alguns desses governos de esquerda, como os de Hugo Chávez na Venezuela (1999-2013) e de Evo Morales na Bolívia (2006-2019).

O governo do presidente Michel Temer, que começou em 12 de maio de 2016, durante o início do impeachment da presidente Dilma Rousseff (e se tornou definitivo em 31 de agosto do mesmo ano, quando a presidente foi destituída do cargo) foi o primeiro governo não petista desde 2002. O primeiro ministro das Relações Exteriores de Temer, José Serra, tomou medidas para suspender a Venezuela do Mercosul e criticou o governo de Nicolás Maduro naquele país. À medida que crescia no Brasil o que tem sido chamado de nova direita, também cresciam os apelos por um tipo diferente de política externa. Mas em vez de um movimento para a centro-direita, de volta às políticas que estavam em vigor sob o presidente do PSDB, FHC, o que emergiu foi uma visão de mundo muito mais radical e de extrema-direita, que rompeu com muitas convenções diplomáticas e políticas. Isso aconteceu em parte porque os partidos políticos tradicionais foram gravemente prejudicados pelas investigações anticorrupção da Lava Jato, que começaram em março de 2014.

A campanha para a Presidência de Jair Bolsonaro começou em 2016. O bolsonarismo apelou para aqueles que se opunham ao PT, ficaram irritados com as revelações de corrupção descobertas pelas investigações da Lava Jato, incomodados com o aumento da violência e da criminalidade e perturbados por um suposto afrouxamento da moralidade e da religiosidade tradicionais. Ao usar o termo *bolsonarismo* são referidas mais do que as declarações do próprio Bolsonaro, que raramente vão além de slogans curtos. O termo é usado de forma mais ampla para se referir às expressões de crença de ideólogos associados a Bolsonaro, incluindo membros de seu gabinete.

Bolsonaro fez campanha em 2018 como candidato alinhado ao presidente Trump dos EUA e como alguém preocupado com a influência da China no Brasil. "A China não compra no Brasil. A China está comprando o Brasil", disse o candidato (Senra, 2019).

Bolsonaro também atacou o Fórum de São Paulo, uma associação de partidos de esquerda e centro-esquerda da América Latina e do Caribe que se reuniu pela primeira vez em 1990 para discutir alternativas ao neoliberalismo. A abordagem de Bolsonaro à política externa era ideológica e nacionalista, crítica aos governos de esquerda, mas também aos acordos multilaterais, como o Acordo de Paris de 2015, que envolvia reduções voluntárias nas emissões de carbono para conter as alterações climáticas.

PRIMEIROS MOVIMENTOS

Uma vez eleito, Bolsonaro agiu rapidamente para marcar um novo rumo nas relações internacionais do Brasil. Antes mesmo de se tornar presidente, retirou a oferta brasileira para sediar a conferência das Nações Unidas sobre mudanças climáticas COP 25, forçando-a a se mudar para Santiago e, posteriormente, para Madri. Na sua segunda semana no cargo, o presidente retirou o Brasil do Pacto Global para as Migrações da ONU, um tratado sobre o tratamento a imigrantes, embora o Brasil tivesse três vezes mais emigrantes no estrangeiro do que imigrantes no país (Vidigal, 2019, p. 2). E nomeou Ernesto Araújo, até então obscuro embaixador e diretor dos departamentos de Estados Unidos e Canadá e de Assuntos Interamericanos do Itamaraty, para ser seu ministro das Relações Exteriores.

O artigo de Araújo (2017) "Trump e o Ocidente" deu uma ideia do que estava por vir. O artigo foi elogiado por Olavo de Carvalho, talvez o mais conhecido "guru" do bolsonarismo. O secretário de Relações Internacionais do partido de Bolsonaro, o Partido Social Liberal (PSL), Felipe Martins, tuitou que Araújo seria um bom chanceler, e o presidente-eleito anunciou que Araújo seria o próximo chanceler em 14 de novembro de 2018. Esse anúncio foi recebido com celebração silenciosa em alguns setores do Departamento de Estado dos EUA devido às opiniões efusivamente pró-americanas e pró-Trump de Araújo.

"Trump e o Ocidente" começa por fazer a afirmação implausível de que Trump é o salvador do "Ocidente". Elogiando um discurso proferido pelo republicano em Varsóvia a 6 de julho de 2017, Araújo invoca Oswald Spengler para dizer que o Ocidente está em declínio, e que a maior ameaça para ele é interna, uma ortodoxia liberal politicamente correta que está a extinguir lentamente a verdadeira identidade do Ocidente, que é nacionalista, religiosa e tradicional. Evocando a teoria do choque de civilizações de Samuel P. Huntington (sem realmente citá-la), Araújo ataca o "globalismo", que define como "padrões antinacionais e antitradicionais na vida social e o mercado globalizado sem fronteiras na vida econômica" (Araújo, 2017, p. 353). Araújo também alude com aprovação ao pensador tradicionalista russo de extrema-direita Alexandr Dugin, ao filósofo tradicionalista francês René Guenon e ao ex-assessor de Trump Steve Bannon, enquanto ataca os filósofos "ateus anticristo" que abriram o caminho para a Revolução Francesa, bem como os valores do Iluminismo em geral.

"Trump e o Ocidente" é uma mistura bizarra de dogmas reacionários e teorias da conspiração, mas não é, de forma alguma, um resumo coerente para a política externa brasileira. No ensaio, Araújo mostra ter um fraco domínio das disciplinas das ciências sociais essenciais à diplomacia: economia, sociologia, ciência política e relações internacionais. Seu estilo é literário e não empírico ou acadêmico. Nas suas denúncias abrangentes do liberalismo, ele quase não cita estudiosos. Ele parece pensar que o nacionalismo europeu surgiu espontânea e primordialmente da vontade do povo, sem qualquer conhecimento do papel dos Estados nesse processo ou da natureza construída de muitos Estados-nação. Ele aparenta estar sem consciência alguma dos melhores estudos recentes sobre o nacionalismo, como o trabalho de Benedict Anderson (1998) e Eric Hobsbawm (1990).

Além disso, a sua interpretação da política externa de outros Estados é questionável. No artigo ele afirma que Trump, um dos presidentes mais transacionais e egoístas da história dos EUA, estava envolvido em uma política externa "romântica" que procurava "recuperar heróis e um sentido de destino" para o Ocidente (Araújo, 2017, p. 352). Ele também argumenta que os Estados Unidos e a Rússia poderiam formar uma aliança como "as duas grandes potências cristãs" lutando juntas contra o globalismo (p. 353). E rejeita "as tradicionais regras do jogo geoestratégico" (p. 352) em favor de algo mais místico e intangível: uma análise "geopsíquica" ou "psicopolítica", algo a que também se refere como "metapolitica" e "teopolitica" (p. 331, 354). O ensaio termina de forma incoerente com a injunção de que "só um Deus pode nos salvar" e "só Trump ainda pode salvar o Ocidente" (p. 355-356). O ensaio oferece muito mais *insights* sobre o estado de espírito de seu autor do que sobre os desafios da política externa brasileira. Completamente ausente do ensaio está um conjunto de princípios que poderiam orientar tal política.

Araújo descreve a civilização ocidental como uma criação inteiramente europeia e norte-americana. Apesar disso, o Brasil é identificado como parte do Ocidente. Ao exaltar a civilização ocidental, Araújo encontra o favor dos seus elementos mais atávicos e banais. Afirmando que "a alma humana é nacionalista" (2017, p. 341), ele favorece uma noção medieval, militarista, dinástica e autoritária de nação. Um dos heróis a que se refere é Jan Sobieski, o príncipe polonês que derrotou os turcos fora de Viena em 1683 e "salvou" o cristianismo europeu (p. 327). Araújo tem pouca paciência com os valores iluministas de ceticismo radical, investigação racional, direitos individuais e tolerância religiosa. Em vez disso, ele parece preferir a hierarquia social, a ordem, o autoengrandecimento nacional (ufanismo) e o dogma religioso. Ele afirma que o "marxismo cultural" "promove a diluição do gênero e do sentimento nacional" e quer um mundo de "fluidez de gênero e cosmopolitas sem país" (p. 339). Ele afirma, sem qualquer evidência, que "o significado da nação foi banido na corrente cultural e social da Europa" (p. 341). Argumenta também, novamente sem qualquer evidência, que "os europeus já não se sentem parte da mesma história dos seus antepassados" (p. 345) e que a "União Europeia pasteurizou o passado e fez da Europa um conceito burocrático e um espaço culturalmente vazio" (p. 346). A sua hostilidade para com a União Europeia parece basear-se na alegação questionável de que a UE sufocou de alguma forma a identidade nacional e a cultura dos seus membros.

Como seria de esperar, o discurso de posse de Araújo como ministro de Relações Exteriores, em 2 de janeiro de 2019, regurgitou os conceitos literários expostos pela primeira vez ao público em "Trump e o Ocidente". Ele começou com uma série de agradecimentos às autoridades presentes e incluiu o reconhecimento obsequioso de um descendente do último imperador do Brasil, "sua alteza imperial e real dom Bertrand de Orleans e Bragança", embora a monarquia tenha sido abolida no Brasil em 1889 (Funag, 2021). Em vez de reconhecer a ordem global como algo que o país ajudou a construir e que quer que funcione bem, o discurso assumiu que havia um conflito entre os interesses nacionais do Brasil e os do "globalismo" ou da "agenda global". No discurso, os elogios de Araújo a outros países limitaram-se a EUA, Hungria, Itália e Polônia, todos países então governados por governos populistas de direita. E ao mencionar não apenas o nacionalismo, mas também Deus, o discurso desafiou a tradição brasileira de separação entre Igreja e Estado, que começou com a Primeira República, há 134 anos.

Em 19 de março de 2019, as preferências de política externa da administração Bolsonaro tornaram-se claras com a visita do presidente a Washington, D.C. No dia 17 de março, Bolsonaro jantou na residência oficial do embaixador do Brasil nos EUA, Sergio Amaral, com sete de seus ministros, incluindo Ernesto Araújo. Também estiveram no jantar Olavo de Carvalho, Steve Bannon, Eduardo Bolsonaro e o assessor internacional do presidente, Felipe Martins. O então presidente do Brasil disse no jantar: "Precisamos desconstruir muito, desfazer muito, para depois começarmos a fazer as coisas"[3], revelando os aspectos reativos e negativos da sua política externa. No dia 19 de março, Bolsonaro reuniu-se com Donald Trump na Casa Branca. Durante a visita os dois presidentes expressaram admiração mútua. Trump disse que o Brasil se tornaria um "grande aliado dos Estados Unidos fora da Otan", um status com implicações ambíguas. Por sua vez, Bolsonaro fez uma série de mudanças políticas favoráveis aos Estados Unidos, eliminando a necessidade de turistas norte-americanos obterem visto para visitas de menos de três meses ao Brasil e proporcionando acesso às empresas norte-americanas à base de mísseis de Alcântara, no Maranhão, permitindo-lhes fazer lançamentos espaciais comerciais a partir de lá.

Em 28 de junho de 2019, a União Europeia e o Mercosul (Argentina, Brasil, Paraguai e Uruguai) anunciaram um acordo comercial entre os blocos econômicos, encerrando quase vinte anos de ne-

---

3. A citação inteira é: "O Brasil não é um terreno aberto onde nós pretendemos construir coisas para o nosso povo. Nós temos de desconstruir muita coisa, desfazer muita coisa, para depois começarmos fazer" (Poder 360, 2019).

gociações intermitentes[4]. Dadas as opiniões expressas em "Trump e o Ocidente", seria de esperar que Araújo rejeitasse, ou pelo menos expressasse reservas, sobre o acordo. Em vez disso, ele revelou a natureza ficcional do seu entusiasmo ao abraçar calorosamente o acordo e atribuí-lo falsamente aos seus próprios esforços diplomáticos. Devido a objeções de vários membros da UE, incluindo Irlanda, França e Áustria, os Estados europeus ainda não ratificaram o acordo, e o atual governo Lula manifestou o desejo de que a UE decida em breve se quer o acordo comercial.

REVERSÕES

Tal como expresso no jantar em Washington em março de 2019, Bolsonaro iniciou o seu mandato com a intenção de rejeitar as prioridades dos seus antecessores. Ele fez campanha em 2018 como crítico do investimento chinês no Brasil. Viu o Acordo de Paris de 2015 sobre as mudanças climáticas como parte de uma conspiração "globalista" para restringir a soberania nacional, e por isso opôs-se a ele. Ele testemunhou a mudança da administração Trump da Embaixada dos EUA em Israel de Tel Aviv para Jerusalém e expressou o desejo de que o Brasil fizesse o mesmo. Considerou o impulso diplomático de Lula na África, que criou novas embaixadas e promoveu soluções brasileiras para os problemas africanos, com desgosto e quis abandoná-lo. Ele expressou desdém pelos governos de centro-esquerda e de esquerda na América do Sul e não fez nenhuma tentativa de distinguir entre os primeiros e os segundos.

---

4. Cf. EU-Mercosur Trade Agreement. 28 jun. 2019. Disponível em: https://policy.trade.ec.europa.eu/eu-trade-relationships-country-and-region/countries-and-regions/mercosur/eu-mercosur-agreement_en. Acesso em: 11 nov. 2023.

No entanto, muitas dessas preferências não foram postas em prática ou foram alvo de oposição ativa a partir do interior do governo Bolsonaro. O vice-presidente Hamilton Mourão foi à China, o maior parceiro comercial do Brasil, em maio de 2019, abrindo caminho para que o presidente fizesse a sua própria visita ao país em outubro do mesmo ano. Apesar da retórica antichinesa de Bolsonaro, o Brasil acolheu a Cúpula dos Brics em Brasília, de 13 a 14 de novembro de 2019, e saudou a promessa de investimento chinês em infraestrutura. Além disso, a Anatel, reguladora das telecomunicações do Brasil, não impediu a empresa chinesa Huawei de participar do leilão 5G em 2021, apesar da pressão dos EUA sobre o governo brasileiro para que o fizesse. Não foi considerada seriamente a saída do Brasil do Acordo de Paris, como os Estados Unidos tinham feito sob Trump, em parte porque os interesses agroexportadores temiam que tal decisão pudesse ameaçar o acesso aos mercados, especialmente na Europa. A influência combinada das Forças Armadas e do agronegócio, desta vez temendo a perda de mercados no Oriente Médio árabe, garantiu que a embaixada do Brasil não se mudasse de Tel Aviv para Jerusalém. Os críticos da administração Bolsonaro apontaram para a natureza unilateral da parceria EUA-Brasil quando, em 2 de dezembro de 2019, Trump disse que aumentaria as tarifas sobre as exportações brasileiras de aço e alumínio para os Estados Unidos e acusou o Brasil de manipulação cambial, embora a capacidade do governo brasileiro de controlar o valor de sua moeda seja limitada e o real tenha caído apenas 9% em relação ao dólar em 2019.

Em novembro de 2020, a estrela-guia de Bolsonaro, Trump, perdeu as eleições presidenciais nos Estados Unidos para o seu rival democrata Joe Biden. Em um debate com Trump em 29 de setembro de 2020, Biden havia dito que a comunidade internacional deveria dar US$ 20 bilhões ao Brasil para impedi-lo de destruir a Floresta Amazônica e que haveria consequências econômicas se isso não acontecesse. Isso provocou uma resposta aborrecida do presidente brasileiro. Bolsonaro foi um dos últimos chefes de Estado a reconhecer a vitória eleitoral de Biden, apenas em 15 de dezembro de 2020. Naquele momento, a política externa brasileira estava desequilibrada, sem um bom relacionamento com a nova administração dos Estados Unidos, desprovida de uma política para sua própria região, a América do Sul, e rejeitada pela maioria dos governos da Europa.

Em 29 de março de 2021, uma grande remodelação ministerial viu Ernesto Araújo deixar o governo. Ele havia se envolvido em um conflito com membros do Congresso que, refletindo as opiniões da comunidade empresarial, entre outros interesses, se opuseram à postura negacionista do ministro das Relações Exteriores em relação à pandemia de covid-19 e às suas críticas à China, destino de quase um terço das exportações do Brasil. A queda de Araújo representou o fim da fase ativista do bolsonarismo na política externa brasileira. O seu substituto como chanceler, Carlos Alberto França, foi uma figura muito menos ideológica e divisionista.

CONCLUSÃO

Os princípios de política externa do governo Bolsonaro refletiam uma série de negações: não ao "marxismo cultural"; não aos governos de esquerda na América Latina; não à África; não à igualdade de gênero e orientação sexual; não à igualdade racial; não ao ambientalismo; não aos direitos humanos; não à China; não ao presidente americano Joe Biden. Mas tinha pouco a oferecer em termos de alternativas construtivas a essas negações. A visão tradicionalista do mundo do bolsonarismo oferecia binários simplistas no lugar das nuances, da complexidade e da destreza do trabalho diplomático bem-sucedido. Em vez de autonomia, ofereceu alinhamento automático com o trumpismo nos Estados Unidos. Em vez da multipolaridade cooperativa, ofereceu oposição ao "globalismo" e à "agenda global", uma aliança com o agressivo populismo transnacional de direita que vê grande parte da agenda internacional, incluindo o respeito pelos direitos humanos e os compromissos para mitigar e adaptar-se às alterações climáticas, como restrições inaceitáveis à soberania nacional. Em vez de secularismo e tolerância, ofereceu uma abordagem teocrática à política mundial e teorias alarmistas sobre ameaças ao Ocidente cristão. E aliou o Brasil a governos cujos líderes usaram abertamente tropos étnico-nacionalistas e racistas para mobilizar suas bases.

Esta política externa envolveu uma leitura tendenciosa da história e percebeu mal as falhas geopolíticas do mundo contemporâneo. As suas fraquezas mais sérias e fatais foram a cegueira para as realidades materiais da economia brasileira e a sua dependência da Presidência de Trump nos Estados Unidos. Com base em teorias da conspiração, em termos práticos não funcionava. O negacionismo não é base suficiente para a política externa. Isso é algo que Javier Milei, o presidente da argentina eleito pelo partido A Liberdade Avança, poderá aprender para sua desvantagem. Ele fez campanha dizendo que, caso se tornasse presidente, não negociaria com a China nem falaria com o presidente Lula, mas tais pronunciamentos alarmaram a comunidade empresarial, bem como muitos eleitores comuns em seu próprio país.

O pouco que o governo Bolsonaro conseguiu no domínio da política externa foi conseguido apesar, e não por causa, das suas predileções ideológicas. O seu principal impacto foi tornar o Brasil um pária internacional, um país cujo líder aplaudiu a destruição da

Floresta Amazônica e cujo tratamento inepto e não científico da pandemia de covid-19 levou a mortes desnecessárias.

Como a ideologia bolsonarista estava fora de sintonia com a realidade e era um meio de mobilizar a base interna da administração, em vez de orientar as relações com o mundo exterior, foi substituída em muitos casos pelo pragmatismo *ad hoc*. Estas posições pragmáticas foram reforçadas por elementos da coligação que apoiava o presidente, como o agronegócio e as Forças Armadas. No geral, a política externa da administração Bolsonaro parece um estranho parêntese em um histórico forte de realizações diplomáticas brasileiras nos séculos 20 e 21. Foi quase totalmente revertido pelo governo Lula (2023 até o presente), e seu retorno é tão improvável quanto seria impopular.

REFERÊNCIAS

AMORIM, C. *Teerã, Ramalá e Doha*: memórias da política externa ativa e altiva. São Paulo: Benvirá, 2015.

ANDERSON, B. *Imagined Communities*: Reflections on the Origin and Spread of Nationalism. Londres: Verso, 1998.

ARAÚJO, E. H. F. Trump e o Ocidente. *Cadernos de Política Exterior*, ano III, n. 6, segundo semestre, p. 323-357, 2017.

BARBOSA, R. *O dissenso de Washington*. Rio de Janeiro: Agir, 2011.

BURGES, S. *Brazil in the World*: The International Relations of a South American Giant. Manchester: University of Manchester Press, 2017.

FRAUENDORFER, M. *Brazil's Emerging Role in Global Governance*: Health, Food Security and Bioenergy. Nova York: Palgrave Macmillan, 2015.

FUNAG – FUNDAÇÃO ALEXANDRE DE GUSMÃO. *Discurso do Embaixador Ernesto Araújo na cerimônia de posse como Ministro das Relações Exteriores*. 5 nov. 2021. Disponível em: https://www.gov.br/funag/pt-br/centrais-de-conteudo/politica-externa-brasileira/discurso-do-embaixador-ernesto-araujo-na-cerimonia-de-posse-como-ministro-das-relacoes-exteriores-em-brasilia-02-01-2019. Acesso em: 30 jan. 2024.

GARMANY, J.; PEREIRA, A.W. *Understanding Contemporary Brazil*. Nova York: Routledge, 2019.

HOBSBAWM, E. *Nations and Nationalism Since 1780*. Cambridge: Cambridge University Press, 1990.

KYRILLOS, G.M.; SIMONI, F. Raça, gênero e direitos humanos na política externa brasileira no governo Bolsonaro (2019-2021). *Revista Direito e Práxis*, v. 13, n. 3, pp. 1874-1896, 2022.

NASCIMENTO, J.F. do; BRAGA, M.S.S. Brasil nos tempos do bolsonarismo: populismo e democracia antiliberal. *Política: Revista de Ciência Política*, v. 59, n. 2, pp. 79-120, 2021.

PEREIRA, A.W. *Modern Brazil*: A Very Short Introduction. Oxford: Oxford University Press, 2020.

PEREIRA, A.W. *Right-Wing Populism in Latin America and Beyond*. Nova York: Routledge, 2023.

PODER 360. Jantar de Bolsonaro em Washington teve Olavo de Carvalho e Steve Bannon. *Poder360*, 18 mar. 2019. Disponível em: https://www.poder360.com.br/governo/jantar-de-bolsonaro-em-washington-teve-olavo-de-carvalho-e-steve-bannon/#:~:text=O%20presidente%20Jair%20Bolsonaro%20participou,da%20Casa%20Branca%2C%20Steve%20Bannon. Acesso em: 11 nov. 2023.

RATO, V. *Tsunami*: Trump, Trumpismo, e a Europa. Coimbra: Actual, 2023.

RICUPERO, R. *A diplomacia na construção do Brasil, 1750-2016*. Rio de Janeiro: Versal, 2017.

ROCHA, C. *Menos Marx, mais Mises*: o liberalismo e a nova direita no Brasil. São Paulo: Todavia, 2021.

SENRA, R. Um ano após reclamar que China "compraria o Brasil", Bolsonaro quer vender estatais e commodities em visita a Xi Jinping. *BBC News Brasil*, 23 out. 2019. Disponível em: https://www.bbc.com/portuguese/brasil-50161509. Acesso em: 5 nov. 2023.

VIDIGAL, C.E. Bolsonaro e a reorientação da política externa brasileira. *Meridiano: Journal of Global Studies*, v. 47, n. 20, 2019.

A evolução da agenda ambiental brasileira

Wânia Duleba, Alisson Felipe Moraes Neves e Milena Maltese Zuffo

A eleição de Luiz Inácio Lula da Silva para seu terceiro mandato presidencial trouxe consigo promessas de campanha voltadas para a reconstrução e inovação da política ambiental. Para analisar o progresso do primeiro ano de mandato e compreender se as promessas e ações em 2023 representam mudanças ou se integram a um processo de reconstrução do que estava latente em gestões anteriores, é essencial contextualizar historicamente as políticas ambientais do Brasil. Com isso, foi possível responder se as mudanças implementadas em 2023 representam uma ruptura significativa ou se estão alinhadas a um padrão incremental observado ao longo do tempo.

A fase de estabelecimento de agenda é relevante para o processo político e sua análise permite a compreensão de como essas ações são continuadas e descontinuadas ao longo de diferentes mandatos.

No contexto do *policy cycle*, essa fase inicial corresponde ao momento em que os principais assuntos a serem abordados pelo governo são definidos (Capella, 2006; Saraiva 2006). Muitos estudos visam identificar as razões pelas quais alguns temas recebem atenção durante esse período e os processos que antecedem a formulação de uma política pública, ou seja, o que leva à sua concepção (Kingdon, 2003; Capella, 2006; Lotta, 2019).

Na teoria do equilíbrio, observam-se processos políticos com fases de estabilidade, nos quais os atores do subsistema político trabalham para preservar o status quo. Durante esses períodos, observa-se a implementação de mudanças graduais, representando ajustes menores nas políticas já estabelecidas, às quais chamamos de incrementais. Na lógica político-partidária, o incrementalismo questiona a racionalidade de formulação porque considera o histórico das ações governamentais. Dessa forma, a lógica incremental demonstra que as políticas públicas não são uma *tabula rasa*, sendo resultantes de decisões prévias tomadas no passado (Lindblom, 1959; Assumpção-Rodrigues, 2010). Assim, ao estudar tais processos com um grande recorte temporal, o equilíbrio pontuado permite identificar as fases em que ocorrem alterações substanciais e abrangentes nas políticas governamentais (Baumgartner; Jones, 1993; Brasil, 2017).

Nesse contexto, o objetivo deste capítulo é avaliar o progresso do primeiro ano do governo Lula na área ambiental em relação à inovação das ações implementadas. Para isso, foi realizada uma análise histórico-institucional abordando a temática ambiental brasileira. Essa análise é conduzida sob a ótica do modelo do Equilíbrio Pontuado de Baumgartner e Jones (1993), visando compreender os principais avanços legais, mudanças, continuidades e descontinuidades.

Ao abordar o período desde 1930 até 2023, com foco nos mandatos de Jair Bolsonaro e Lula, temos como perguntas norteadoras: Em relação ao governo de Bolsonaro e ao terceiro mandato de Lula, essa passagem representa um equilíbrio para manutenção do monopólio ou uma ruptura com novas políticas? Quais são as evidências de incrementalismo ou retrocesso observadas em 2023? Se existirem grandes transformações, há evidências de medidas adotadas pelo governo Lula que possam prejudicar os esforços de preservação ambiental?

As questões levantadas discutem, de forma qualitativa e quantitativa, princípios relativos ao Equilíbrio Pontuado na agenda de políticas, e não tratam dos aspectos relacionados aos processos de implementação, monitoramento e avaliação de políticas públicas.

Para abordar essas questões, conduzimos uma revisão bibliográfica de artigos acerca das principais políticas públicas ambientais, visando detectar como as estruturas institucionais e capacidades estatais foram mobilizadas e desmobilizadas. Os artigos foram obtidos das bases de dados do Portal de Periódicos da Capes e Google Acadêmico. Também examinamos pareceres técnicos, programas e planos estratégicos, disponibilizados em sites do antigo Ministério do Meio Ambiente (MMA), Instituto Brasileiro do Meio Ambiente e dos Recursos Naturais Renováveis (Ibama) e Instituto Chico Mendes de Conservação da Biodiversidade (ICMBio). A identificação de documentos legislativos foi realizada por meio do site do Planalto Federal, juntamente com outros documentos disponíveis em sites governamentais oficiais.

1. PERSPECTIVA HISTÓRICA DA LEGISLAÇÃO E A AGENDA AMBIENTAL NO PAÍS

Na esfera de políticas públicas, ações, programas, planos e legislações não surgem *ex nihilo*. Decisões pregressas muitas vezes permanecem latentes, ressurgindo em momentos oportunos. O conceito de políticas de latências (Marques, 2021) ganha relevância ao analisar se iniciativas governamentais são inovadoras ou partem de um processo de reconstrução.

Traçando um arco histórico extenso, construímos uma síntese que destaca os principais marcos institucionais e agendas estratégicas (Figura 1). Essa abordagem permite visualizar as linhas de continuidade e descontinuidade e identificar avanços normativos que foram interrompidos ou redirecionados ao longo do tempo (Figura 1).

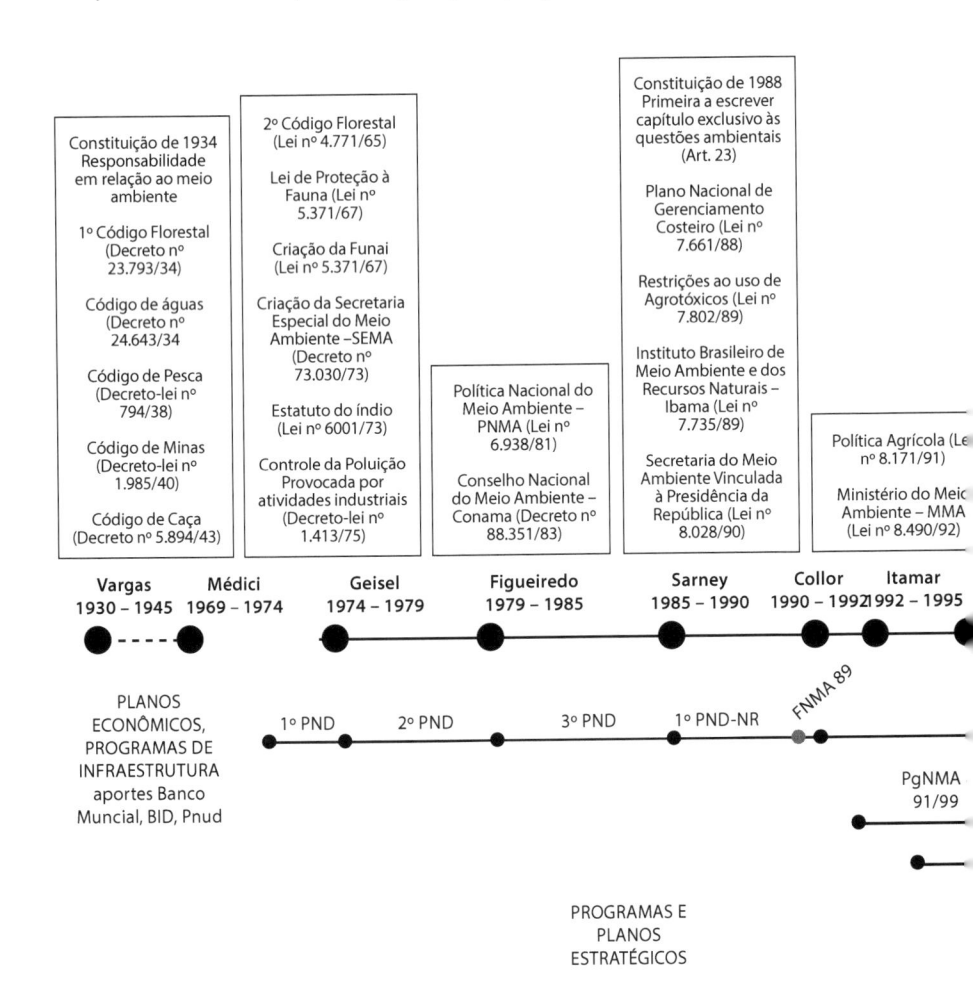

Perspectiva histórica da política, legislação e programas ambientais no país

Vargas 1930–1945	Médici 1969–1974	Geisel 1974–1979	Figueiredo 1979–1985	Sarney 1985–1990	Collor 1990–1992	Itamar 1992–1995
Constituição de 1934 Responsabilidade em relação ao meio ambiente	2º Código Florestal (Lei nº 4.771/65)			Constituição de 1988 Primeira a escrever capítulo exclusivo às questões ambientais (Art. 23)		
1º Código Florestal (Decreto nº 23.793/34)	Lei de Proteção à Fauna (Lei nº 5.371/67)			Plano Nacional de Gerenciamento Costeiro (Lei nº 7.661/88)		
Código de águas (Decreto nº 24.643/34)	Criação da Funai (Lei nº 5.371/67)			Restrições ao uso de Agrotóxicos (Lei nº 7.802/89)		
Código de Pesca (Decreto-lei nº 794/38)	Criação da Secretaria Especial do Meio Ambiente –SEMA (Decreto nº 73.030/73)		Política Nacional do Meio Ambiente – PNMA (Lei nº 6.938/81)	Instituto Brasileiro de Meio Ambiente e dos Recursos Naturais – Ibama (Lei nº 7.735/89)	Política Agrícola (Lei nº 8.171/91)	
Código de Minas (Decreto-lei nº 1.985/40)	Estatuto do Índio (Lei nº 6001/73)			Secretaria do Meio Ambiente Vinculada à Presidência da República (Lei nº 8.028/90)	Ministério do Meio Ambiente – MMA (Lei nº 8.490/92)	
Código de Caça (Decreto nº 5.894/43)	Controle da Poluição Provocada por atividades industriais (Decreto-lei nº 1.413/75)		Conselho Nacional do Meio Ambiente – Conama (Decreto nº 88.351/83)			

PLANOS ECONÔMICOS, PROGRAMAS DE INFRAESTRUTURA aportes Banco Muncial, BID, Pnud

1º PND — 2º PND — 3º PND — 1º PND-NR — FNMA 89 — PgNMA 91/99

PROGRAMAS E PLANOS ESTRATÉGICOS

Figura 1. Perspectiva histórica da política, legislação e programas ambientais no país. Fonte: Elaborado pelos autores. Legenda: Siglas e ano de vigência ou de criação. ARPA – Programa de Áreas Protegidas da Amazônia (2003/2019); FNMA – Fundo Nacional do Meio Ambiente; FVC – Fundo Verde do Clima 2010; PAC – Plano de Aceleração do Crescimento 2007; PAS – Plano Amazônia Sustentável 2008; PgNMA – Programa Nacional de Meio Ambiente, Plano ABC 2013, PNCV – Plano Nacional Crescimento Verde 2020/23, PND da Nova República 1986/89, PNDs – Plano Nacional de Desenvolvimento 1972/74, 1975/79, 1980/85 (PgNMA I 1991/99; PgNMA II fase 1 2000/06; PgNMA II fase 2 2009/14); PNF – Programa Nacional de Florestas 2000; PNMA – Política Nacional do Meio Ambiente; PNMC – Plano Nacional sobre Mudanças do Clima 2008; PPCDAm – Plano de Ação para Prevenção e Controle do Desmatamento na Amazônia Legal; PPCerrado – Plano de Ação para Prevenção e Controle do Desmatamento e das Queimadas no Cerrado; PPG-7 – Programa Piloto para Proteção das Florestas Tropicais do Brasil (1993-2008).

FHC 1992–1995	Lula 2003–2011	Dilma 2011–2016	Temer 2016–2019	Bolsonaro 2019–2023	Lula 2023

FHC (1992–1995):
- Organismos geneticamente modificados e criação da Comissão Técnica Nacional de Biossegurança (Lei nº 8.974/95)
- Política Nacional de Recursos Hídricos (Lei nº 9.433/97)
- Lei de Crimes Ambientais (Lei nº 9.605/98)
- Política Nacional de Educação Ambiental – PNEA (Lei nº 9.795/99)
- Medida Provisória sobre Patrimônio Genético (nº 2.186-16/01)
- LC nº 140/11 veio disciplinar o Art.23 da CF/88

Lula (2003–2011):
- Política Nacional de Biossegurança (Lei nº 11.105/05)
- Inclusão na estrutura do MMA, do Serviço Florestal Brasileiro (Lei nº 11.284/06)
- Instituto Chico Mendes para Conservação da Biodiversidade (Lei nº 9.605/07)
- Política Nacional de Saneamento Básico (Lei nº 11.445/07)
- Política Nacional sobre Mudança do Clima – PNMC (Lei nº 12.187/09)
- Criação do Ministério da Pesca e Aquicultura (Lei nº 11.958/09)
- Política Nacional de Resíduos Sólidos (Lei nº 12.305/10)

Dilma (2011–2016):
- Novo Código Florestal (Lei nº 12.651/12)
- Política Nacional de Combate à Desertificação e Mitigação dos Efeitos da Seca e seus Instrumentos (Lei nº 13.123/15)
- Conselho Nacional de Política Indigenista (Decreto nº 8.593/15)

Bolsonaro (2019–2023):
- Serviço Florestal Brasileiro transferido para o Ministério da Agricultura (MP 870/19)
- Agência Nacional das Águas transferida para o Ministério de Ddesenvolvimento Regional (MP 870/19)
- Reestruturação do Conama (Decreto nº 9.806/19)
- Extinção dos colegiados do Fundo Amazônia (Decreto nº 9.759/19)
- Flexibilização da Lei da Mata Atlântica (Despacho nº 4.410/20 do MMA)
- Flexibilização regras proteção margens de rios em águas urbanas (Lei nº 14.285/2021)

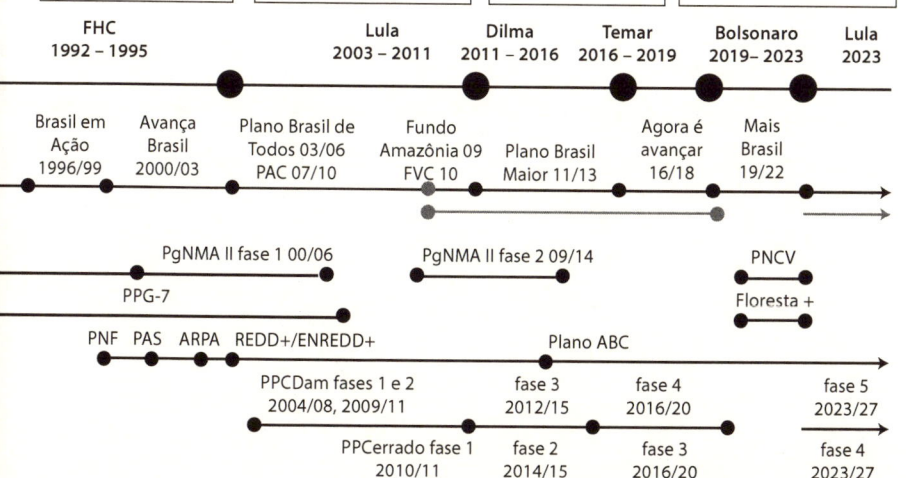

Planos plurianuais:
- Brasil em Ação 1996/99
- Avança Brasil 2000/03
- Plano Brasil de Todos 03/06 – PAC 07/10
- Fundo Amazônia 09 / FVC 10
- Plano Brasil Maior 11/13
- Agora é avançar 16/18
- Mais Brasil 19/22

Programas ambientais:
- PgNMA II fase 1 00/06
- PgNMA II fase 2 09/14
- PNCV
- PPG-7
- Floresta +
- PNF, PAS, ARPA, REDD+/ENREDD+
- Plano ABC
- PPCDam fases 1 e 2 (2004/08, 2009/11); fase 3 (2012/15); fase 4 (2016/20); fase 5 (2023/27)
- PPCerrado fase 1 (2010/11); fase 2 (2014/15); fase 3 (2016/20); fase 4 (2023/27)

A trajetória da política ambiental brasileira iniciou-se na década de 1930, marcada pelos primeiros passos na formulação de normas pioneiras para a gestão dos recursos naturais, como o Código de Águas e o Código Florestal, ambos promulgados em 1934. Desde então, o país tem progredido de forma gradual, tanto no estabelecimento de marcos legais significativos quanto na institucionalização das políticas públicas relacionadas ao meio ambiente (Figura 1).

Segundo Moura (2017), a formulação da política ambiental federal evoluiu principalmente sob a influência de pressões de organis-

Evolução do Arcabouço Institucional, Ministro e Secretários do Meio Ambiente no Nível Federal

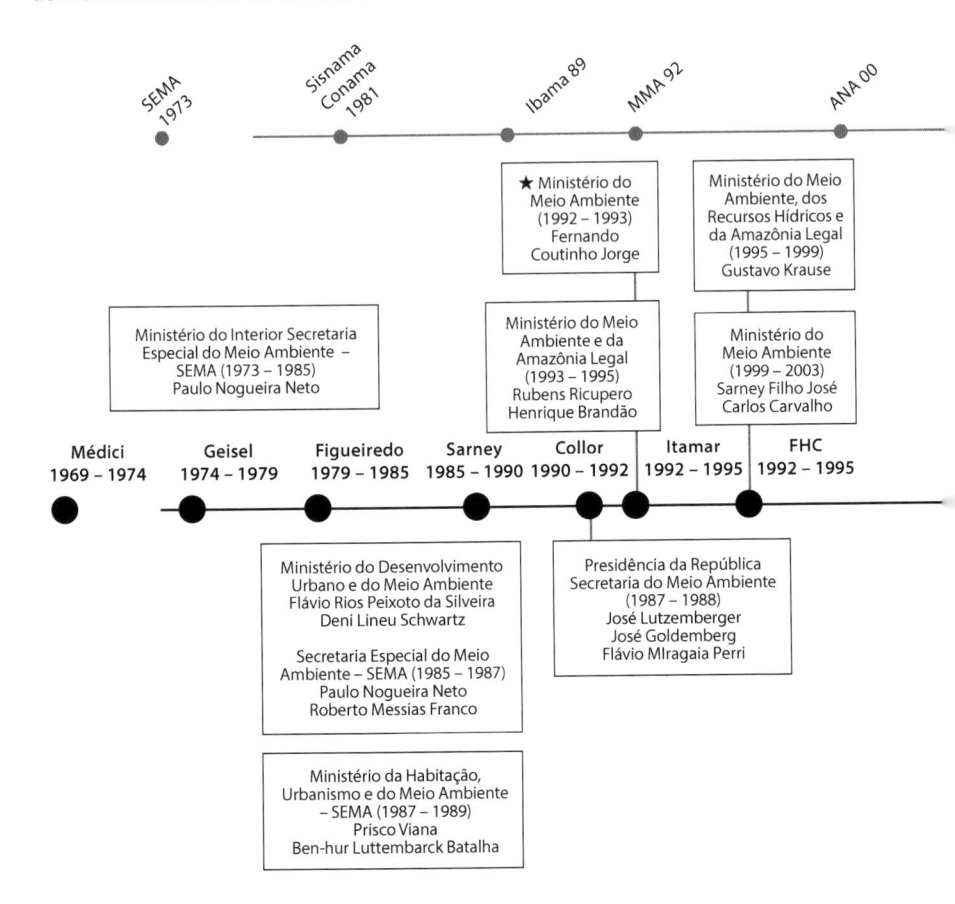

- SEMA 1973
- Sisnama Conama 1981
- Ibama 89
- MMA 92
- ANA 00

★ Ministério do Meio Ambiente (1992 – 1993) Fernando Coutinho Jorge

Ministério do Meio Ambiente, dos Recursos Hídricos e da Amazônia Legal (1995 – 1999) Gustavo Krause

Ministério do Interior Secretaria Especial do Meio Ambiente – SEMA (1973 – 1985) Paulo Nogueira Neto

Ministério do Meio Ambiente e da Amazônia Legal (1993 – 1995) Rubens Ricupero Henrique Brandão

Ministério do Meio Ambiente (1999 – 2003) Sarney Filho José Carlos Carvalho

Médici	Geisel	Figueiredo	Sarney	Collor	Itamar	FHC
1969 – 1974	1974 – 1979	1979 – 1985	1985 – 1990	1990 – 1992	1992 – 1995	1992 – 1995

Ministério do Desenvolvimento Urbano e do Meio Ambiente
Flávio Rios Peixoto da Silveira
Deni Lineu Schwartz

Secretaria Especial do Meio Ambiente – SEMA (1985 – 1987)
Paulo Nogueira Neto
Roberto Messias Franco

Presidência da República Secretaria do Meio Ambiente (1987 – 1988)
José Lutzemberger
José Goldemberg
Flávio MIragaia Perri

Ministério da Habitação, Urbanismo e do Meio Ambiente – SEMA (1987 – 1989)
Prisco Viana
Ben-hur Luttembarck Batalha

mos internacionais e multilaterais, como o Banco Mundial, a ONU e o movimento ambientalista de ONGs. Além disso, conferências internacionais, como a Conferência de Estocolmo, ocorridas a partir da segunda metade do século 20 moldaram significativamente o curso das políticas ambientais em escala global, motivo pelo qual a temática ganhou maior destaque no Brasil a partir da década de 1970. A institucionalização da função pública relacionada ao meio ambiente teve seu marco inicial em 1973, com o estabelecimento da Sema (Figuras 1 e 2).

Figura 2. Evolução do arcabouço institucional, ministros e secretários do Meio Ambiente a nível federal. Fonte: Elaborado pelos autores.

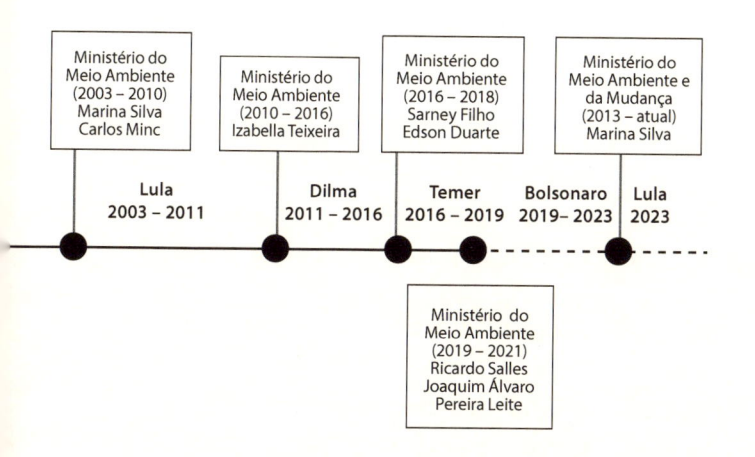

SFB 2006
ICMBio 2007

Ministério do Meio Ambiente (2003 – 2010) Marina Silva Carlos Minc

Ministério do Meio Ambiente (2010 – 2016) Izabella Teixeira

Ministério do Meio Ambiente (2016 – 2018) Sarney Filho Edson Duarte

Ministério do Meio Ambiente e da Mudança (2013 – atual) Marina Silva

Lula 2003 – 2011

Dilma 2011 – 2016

Temer 2016 – 2019

Bolsonaro 2019 – 2023

Lula 2023

Ministério do Meio Ambiente (2019 – 2021) Ricardo Salles Joaquim Álvaro Pereira Leite

A política ambiental brasileira tem uma trajetória que reflete diferentes abordagens e ênfases ao longo do tempo (Figura 1). A caracterização da política ambiental como inovadora, progressista e alinhada a movimentos sociais é uma perspectiva que pode variar dependendo da análise e do período considerado, sendo mais expressiva nos governos de Fernando Henrique Cardoso, Lula e Dilma Rousseff. Ao mesmo tempo, é importante destacar que a legislação ambiental nacional é reconhecida internacionalmente como uma das mais completas e avançadas do mundo. Ao longo dos anos, foi elaborada uma legislação ambiental abrangente, refletindo seu comprometimento internacional com a preservação do meio ambiente.

Nesse contexto, a Política Nacional de Meio Ambiente (Lei n°6.938/1981) desempenhou um papel central na organização desse conjunto de instituições. A lei definiu os objetivos e instrumentos da política ambiental brasileira. A partir dela, houve a criação do Sistema Nacional de Meio Ambiente (Sisnama), um sistema de gestão ambiental que compreende órgãos e entidades de todas as esferas federativas. Essa estrutura foi consolidada ao longo de décadas, com a implementação e aperfeiçoamento de órgãos. Desde a criação da Secretaria Especial de Meio Ambiente (Sema) no então Ministério do Interior, em 1973, a pasta ambiental tem experimentado diversas transformações influenciadas pelas alternâncias de governos, resultando em adaptações que refletem as características particulares de cada administração (Figura 2).

Além de refletir a dinâmica política, essas mudanças acarretaram ajustes na área de competência, estrutura e órgãos vinculados ao MMA, gerando descontinuidades em projetos iniciados por gestões anteriores devido à divergência nas diretrizes adotadas pelos novos governos ou por falta de aporte de recursos financeiros.

A partir dos governos de FHC e, especialmente, nas gestões Lula, Dilma e Michel Temer, embora com nuances distintas, importantes projetos e planos estratégicos ambientais mantiveram uma continuidade (como PNF, PAS, Arpa, Plano de Ação para a Prevenção e Controle do Desmatamento na Amazônia Legal [PPCDAm], Plano de Prevenção e Controle do Desmatamento no Cerrado [PPCerrado], Plano ABC, entre outros), mesmo que sujeitos a redução de recursos financeiros e passando por crises financeiras nacionais e globais (Figura 1). A administração do governo Bolsonaro trouxe uma ruptura abrupta nesses projetos e desestruturação do Sisnama, como será detalhado no item 2.

Assim, o MMA consolidou-se como um órgão legalmente estruturado, mas ainda enfrenta desafios na efetiva execução de suas leis. Apesar dos avanços desde a era Vargas até o governo Temer e dos retrocessos no governo Bolsonaro, a política ambiental confrontou desafios persistentes, incluindo o desmatamento na Amazônia, conflitos entre desenvolvimento econômico e preservação ambiental e a implementação efetiva das leis existentes. A conciliação entre os planos econômicos e a preservação ambiental é uma equação complexa e será discutida no item 5 deste artigo.

2. O DESMONTE DA AGENDA AMBIENTAL NO GOVERNO BOLSONARO

Ao analisar as dimensões institucionais e normativas ao longo arco temporal, constata-se ruptura entre políticas ambientais, mudanças significativas institucionais e de atores que operam políticas em uma direção destrutiva, a partir de 2019 (Figuras 1 e 2). Várias burocracias foram desestruturadas e estruturas institucionais já consolidadas ao longo do tempo foram esvaziadas.

De acordo com o relatório de transição do governo Bolsonaro-Lula (Brasil, 2022), entre 2019 e 2022 houve um processo de "desmantelamento das políticas públicas, marcos regulatórios, espaços de controle e participação social, e órgãos e instituições públicas ligadas à preservação das florestas, da biodiversidade, do patrimônio genético e da agenda climática e ambiental". Sob o governo Bolsonaro, a nação testemunhou um negacionismo científico marcante e uma desestruturação da política ambiental brasileira.

Inicialmente, havia uma promessa eleitoral de extinguir o MMA por meio da sua fusão com o Ministério da Agricultura, Pecuária e Abastecimento (Mapa), que, embora tenha sido recuada, deu lugar a uma série de medidas que enfraqueceram a pasta (Araújo, 2020). Cortes no orçamento, reestruturações significativas, eliminação de secretarias e comissões e demissão de especialistas enfraqueceram as capacidades do ministério. A transferência da Agência Nacional de Águas para o Ministério do Desenvolvimento Regional e do Serviço Florestal Brasileiro para o Mapa ilustrou esse enfraquecimento. A gestão de florestas públicas, incluindo a gestão geral das concessões florestais e o Cadastro Ambiental Rural, uma ferramenta essencial para a aplicação do Código Florestal, tornou-se responsabilidade do Mapa (Araújo, 2020).

Instituições importantes, como o Ibama, órgão responsável por monitorar e multar infrações à legislação ambiental brasileira, e o ICMBio, foram desmobilizadas sistematicamente, incluindo um corte orçamentário na ordem de R$ 187 milhões em 2019. Colegiados e espaços de tomada de decisão, como o Conselho Nacional do Meio Ambiente (Conama) e Conselho da Amazônia Legal, foram asfixiados (Menezes & Barbosa-Júnior, 2022).

A falta de recursos e pessoal qualificado, bem como extinção de colegiados da administração pública, como o Fórum Brasileiro de Mudança do Clima (Decreto 9759/2019), levou à redução de 80% nas multas do Ibama e paralisação na criação de Unidades de Conservação, tornando o país mais vulnerável à degradação ambiental. O sistema Detecção de Desmatamentos em Tempo Real (Deter) do Instituto Nacional de Pesquisas Espaciais (Inpe), importante para monitorar áreas desmatadas, foi questionado, e seu diretor demitido, enfraquecendo ainda mais a capacidade de monitoramento (Escobar, 2019).

Há evidências de que atividades prejudiciais ao meio ambiente foram intensificadas durante o governo de Bolsonaro devido à sensação de impunidade (Barbosa; Alves; Grelle, 2021). Isso foi facilitado pela criação de um "núcleo de conciliação" que flexibilizou e reduziu as penalidades por crimes ambientais, incentivando tais práticas.

A gestão Bolsonaro adotou uma postura crítica em relação ao Acordo de Paris e demonstrou ceticismo em relação às mudanças climáticas, indo contra o consenso científico. O resultado disso foi a desmobilização da frente diplomática brasileira, que usava a preservação ambiental como trunfo para atrair recursos e influenciar decisões em fóruns internacionais (Menezes & Barbosa-Júnior, 2022). O governo também desistiu de sediar a Conferência do Clima (COP 25) e o tema ambiental foi rebaixado na estrutura interna do Itamaraty (Brasil, 2019).

Esses retrocessos e desmobilização das capacidades estatais tiveram repercussões profundas. Houve um aumento de 60% no desmatamento na Amazônia durante o governo Bolsonaro, o maior em um único mandato presidencial desde 1988 (INPE, 2023). Os impactos foram percebidos tanto em termos socioambientais quanto no setor produtivo do Brasil. Barreiras comerciais foram erguidas, o crédito foi restringido e a credibilidade internacional foi abalada. O aumento do desmatamento influenciou a paralisação do acordo de livre comércio entre União Europeia e Mercosul, conforme evidenciado pelo discurso do vice-presidente da República, Geraldo Alckmin, durante o evento da Associação Brasileira das Indústrias de Óleos Vegetais.

O Brasil, uma vez líder em questões climáticas, florestais, de biodiversidade e indígenas no cenário mundial, teve seu papel de destaque abalado. O Fundo Amazônia foi abandonado pelo governo por meio do Decreto n. 9.759/2019, que extinguiu o Comitê Orientador e Comitê Técnico do Fundo Amazônia, impedindo a sua continuidade e paralisando mais de R$ 3,3 bilhões que estavam disponíveis, havendo ruptura nas linhas de financiamento.

3. PROMESSAS DE CAMPANHA

Durante a campanha eleitoral de 2022, Lula e sua equipe delinearam uma série de propostas para balizar ações na área ambiental, indicando a intenção de fortalecer órgãos de fiscalização, principalmente na Amazônia, e combater ações prejudiciais ao meio ambiente, como desmatamento, queimadas e garimpo ilegal.

Algumas dessas propostas e recomendações do gabinete de transição são citadas a seguir:

- Fortalecimento dos órgãos ambientais e a restauração da representatividade dos conselhos.
- Revisão do sistema de multas ambientais, incluindo a revogação do decreto n. 9.760/2019, que anulava multas ambientais e prejudicava a fiscalização ambiental.
- Medidas de prevenção e controle do desmatamento e queimadas na Amazônia e em outros biomas.
- A destinação de florestas e áreas públicas da União.

- Combate ao garimpo ilegal na Amazônia.
- Reconhecimento e proteção de terras indígenas, quilombolas e territórios tradicionais.
- Compromisso com a preservação e desenvolvimento sustentável da Amazônia, incluindo a governança do Fundo Amazônia.
- Retomada do Acordo de Paris e da Política do Clima.
- Promoção do mercado de carbono, transição para energia limpa e sustentável.

Na Conferência das Nações Unidas sobre Mudanças Climáticas, a COP 27, realizada no Egito, Lula reiterou seu compromisso de realizar a 30ª edição da COP na Amazônia em 2025 e expressou a meta de zerar o desmatamento nos biomas brasileiros até 2030. Ele criticou o desmatamento na Amazônia e comprometeu-se a frear a destruição dos biomas, bem como a fiscalizar atividades ilegais, como garimpo, mineração, extração de madeira e ocupação agropecuária indevida. Lula enfatizou seu compromisso em retomar o caminho para combater o desmatamento e o aquecimento global.

4. O QUE DE FATO JÁ FOI FEITO NO GOVERNO LULA EM 2023?

4.1 Análise do ordenamento jurídico federal

Entre 1º de janeiro e 1º de novembro de 2023, foram registrados 816 atos normativos no portal da Presidência. No contexto desses documentos, 90 estão relacionados diretamente à agenda ambiental, sendo classificados em 20 categorias distintas (Figura 3). Analisando essas categorias em ordem decrescente de frequência, observa-se que as áreas com maior incidência de leis e decretos são: Desenvolvimento Institucional (estrutura regimental, comissões e funções) com 24%, seguida por Comunidades Tradicionais com 13%, Clima com 7%, Programas com 7%, Políticas Nacionais com 7% e Fundos com 6%. Subordinadas a essas categorias, uma variedade de temas é abordada, abrangendo desde infrações ambientais até gestão costeira.

1. Agenda ambiental urbana 2%
2. Amazônia Legal 2%
3. Áreas protegidas e gestão UCs 5%
4. Atividades potencialmente poluidoras 2%
5. Biodiversidade 1%
6. Clima 7%
7. Combate desmatamento, desertificação e queimadas 2%
8. Compensação ambiental 3%
9. Comunidades tradicionais 13%
10. Desenvolvimento institucional (estrutura regimental, comissões e funções) 24%
11. Desenvolvimento rural 3%
12. Educação ambiental 2%
13. Emergência ambiental 2%
14. Fiscalização ambiental 1%
15. Fundos 6%
16. Gerenciamento costeiro 1%
17. Gestão ambiental (monitoramento, controle, licenciamento etc.) 2%
18. Infração ambiental 2%
19. Planos Nacionais 2%
20. Programas 7%
21. Políticas Nacionais 7%

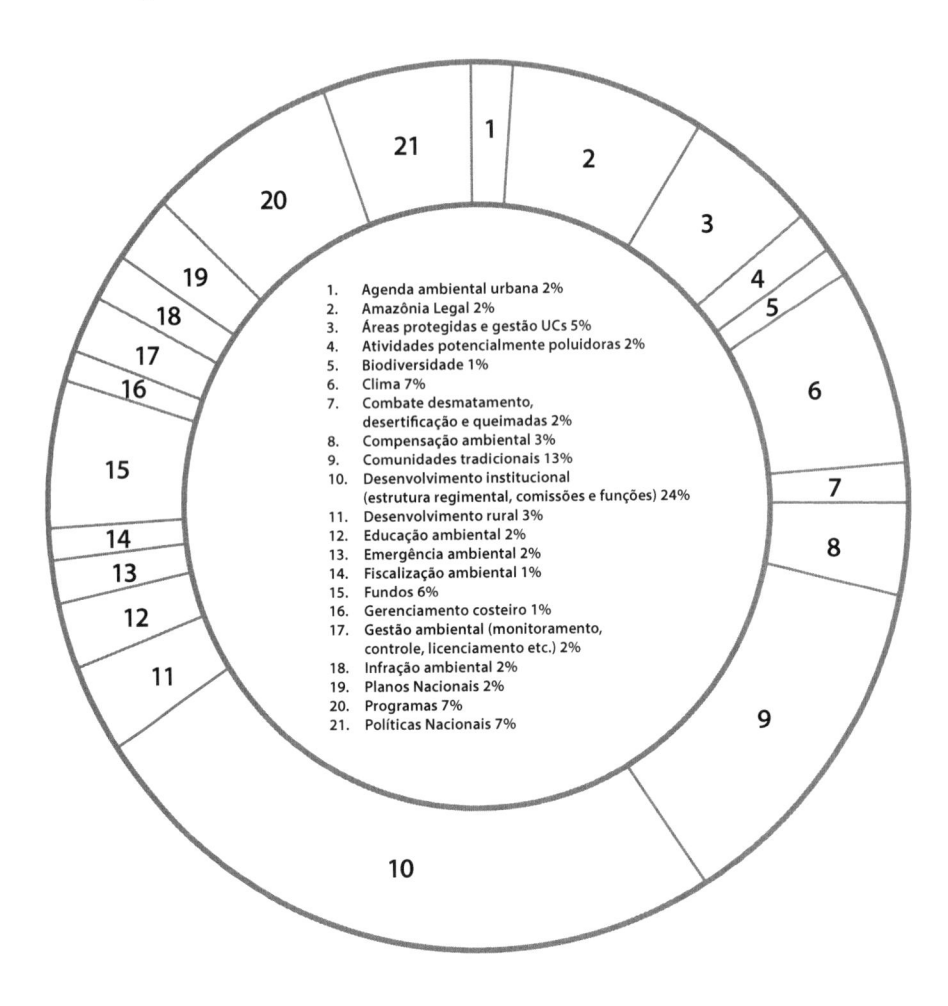

Figura 3. Ordenamento jurídico federal relacionado ao meio ambiente, durante o primeiro ano do governo Lula (2023). Fonte: Elaborado pelos autores.

O MMA foi reestruturado e passou a ser chamado de Ministério do Meio Ambiente e Mudança do Clima (MMAMC). Adicionalmente, foram revogados decretos relacionados à extinção ou alteração de conselhos e comissões, como, por exemplo, o Decreto n. 11.018/2022, que tinha gerado esvaziamento do Conama.

A liderança brasileira perante a comunidade internacional em pautas de mitigação das mudanças climáticas e controle do desmatamento aparecem como prioridades de agenda. Nesse contexto, em 1° de janeiro de 2023, foi estabelecida a Comissão Interministerial Permanente de Prevenção e Controle do Desmatamento por meio do Decreto n. 11.367. Este órgão colegiado, vinculado à Casa Civil da Presidência da República, tem a responsabilidade de definir e coordenar ações interministeriais para reduzir os índices de desmatamento em todo o território nacional. O MMAMC atua como secretaria executiva dessa comissão. Além disso, o decreto instituiu a Subcomissão Executiva encarregada de coordenar o Plano de Ação para a PPCDAm, composta por 13 ministérios, sob a liderança do MMAMC.

Em um dos primeiros atos de governo, foi revogado o Decreto n. 9.760/2019, que anulou multas ambientais e prejudicou a fiscalização ambiental. Em 22 de junho de 2023, o Ibama retomou o sistema de conversão de multas em projetos ambientais. Também foram revogados os Decretos 10.142/19, 10.239/19 e 10.845/21, que enfraqueceram o combate ao desmatamento. Com o objetivo de implementar mecanismos para combate à destruição dos biomas brasileiros, com protagonismo do Ibama, foi aprovado o Decreto n. 11.367/2023.

4.2 Análise do desmatamento nos principais biomas em 2023

Nos primeiros oito meses do mandato do presidente Lula, houve uma redução de 48% no desmatamento na Amazônia brasileira em comparação com o mesmo período do ano anterior (INPE, 2023). Essa informação foi tornada pública em 5 de setembro de 2023 pelo MMA e se baseia em dados do Sistema de Detecção do Desmatamento em Tempo Real (Deter-B) do Inpe. Segundo o Deter-B, o número de alertas de desmatamento na Amazônia, entre janeiro e agosto de 2023, apresentou uma redução de 48% em relação ao mesmo período de 2022. Esses dados foram destacados no discurso proferido por Lula durante a Assembleia Geral da ONU em 19 de setembro de 2023.

Já no Cerrado, no mesmo período de oito meses, houve um aumento de 19,83% no número de alertas de desmatamento (INPE, 2023). Esta marca representa o pior cenário desde 2016, indicando uma deterioração significativa que precisa ser revertida urgentemente.

O governo tem adotado novas políticas para reduzir os números do desmatamento na Amazônia e no Cerrado. Nesse sentido, em 5 de junho de 2023, foi anunciado o lançamento do PPCDAm fase 5, indicando uma iniciativa específica para combater o desmatamento na Amazônia. O PPCerrado, retomado por meio do Decreto n. 11.367/2023, está ainda em fase de consulta pública.

No âmbito da fiscalização e aplicação da lei, houve um aumento significativo nas multas, embargos e apreensões relacionados ao desmatamento ilegal (Tabela 1). O Ibama e o ICMBio intensificaram suas ações, sinalizando uma postura mais rigorosa em relação a práticas ambientalmente prejudiciais.

		Amazônia Quantidade	%	Cerrado Quantidade	%
Atuação do Ibama	Infrações (flora)	3967 autos	173	482	21
	Multas	R$ 2,07 bilhões	147	R$ 133,20 milhões	90
	Embargos	2604	123	287	26
	Termos de apreensão	1466	107	385	40
	Termos de destruição	358	254	94	245
	Bloqueios de créditos virtuais de madeira	1,85 milhão m³	–	–	–
Atuação do ICMBio	Infrações (geral)	1143	216	151	9
	Infrações (flora)	759	339	–	–
	Multas	R$ 309,41 milhões	27	R$ 23,5 milhões	198
	Embargos	401	62	50	25
	Termos de apreensão	638	104	49	113
	Termos de destruição	403	128	–	–

Tabela 1. Atuação do Ibama e ICMBio na Amazônia (janeiro a julho de 2023), comparação com a média no mesmo período dos últimos quatro anos. Fonte: Elaborado com base em MMAMC (2023).

Além disso, houve aplicação em escala do embargo remoto de uso do solo em áreas públicas federais que foram desmatadas ilegalmente, ampliando a fiscalização e punição. Em junho de 2023, a Resolução do Conselho Monetário Nacional n. 5.081/2023 estabeleceu medidas mais criteriosas no crédito rural. Essas medidas visam promover a regularização ambiental, incentivar práticas sustentáveis e proteger áreas sensíveis, alinhando-se aos objetivos de preservação ambiental e controle do desmatamento.

Em relação a florestas e áreas públicas da União, foi promulgado o Decreto n. 11.688/2023, que revisou a composição da Câmara Técnica de Destinação e Regularização Fundiária de Terras Públicas Federais Rurais, sob a supervisão do Ministério do Desenvolvimento Agrário e Agricultura Familiar. O governo promulgou o Decreto n. 11.405/2023, que teve como objetivo combater o garimpo ilegal no território ianomâmi.

Por fim, cabe destacar a retomada do Fundo Amazônia. No primeiro dia de sua gestão, Lula reativou esse fundo com uma injeção de recursos no valor de US$ 1,2 bilhão, provenientes da Noruega e da Alemanha, que voltaram a colaborar com o Brasil na questão ambiental. Desde o início de 2023, novas doações foram anunciadas.

5. DESAFIOS E MEDIDAS PREJUDICIAIS AO AMBIENTE

Há quatro desafios permanentes que devem ser endereçados pelo governo Lula: a) conter o desmatamento e avanço do pasto na Amazônia; b) a pavimentação da BR-319, que atravessa uma das áreas mais preservadas da Amazônia; c) a exploração de petróleo na Margem Equatorial brasileira, uma nova fronteira energética para o país; d) a conclusão da Ferrogrão, uma ferrovia destinada a escoar a produção de grãos do Centro-Oeste através do Norte. Os três últimos itens foram projetos concebidos em administrações anteriores, mas mantiveram ou receberam status prioritário e estratégico sob o governo de Lula, todos com importantes implicações ambientais.

5.1 Contenção do desmatamento e avanço do pasto na Amazônia

O Brasil testemunhou um aumento significativo nas áreas de pastagens, especialmente na Amazônia, como indicado pelo Mapbiomas em 2023. Em um período de quase quatro décadas, a área de pastagens na Amazônia cresceu de 137 mil km² para 577 mil km², equivalente ao tamanho do estado de Mato Grosso. É alarmante notar que quase metade das pastagens na Amazônia Legal, composta por nove estados, têm menos de 20 anos. Esse bioma abriga 43% do rebanho bovino do Brasil, totalizando mais de 96 milhões de cabeças de gado, conforme dados do IBGE.

5.2 Pavimentação da BR-319

A BR-319, construída na década de 1970, é uma rodovia federal que liga Manaus (AM) a Porto Velho (RO), conectando por terra o Amazonas ao restante do país. Devido à falta de manutenção, ficou intransitável. A partir de 2015, o governo federal sinalizou a intenção de repavimentá-la. Recentemente, foram iniciadas obras de recuperação em suas extremidades, e o licenciamento para pavimentar o trecho do meio foi autorizado pelo Ibama em julho de 2022.

Trechos não pavimentados causam inconvenientes, forçando o uso de transporte aéreo ou fluvial, trazendo prejuízos financeiros para a região. Caso essa empreitada logre sucesso, a fronteira agrícola da região será expandida em direção ao norte e oeste da Amazônia Ocidental.

Apesar do apelo ao desenvolvimento regional, há o sério risco de desmatamento descontrolado semelhante ao ocorrido na BR-163, onde ocorreu efeito espinha de peixe, com a proliferação de estradas vicinais. A pavimentação poderá aumentar o desmatamento em 60% até 2100, aumentando substancialmente a emissão de CO_2 (Santos *et al*, 2023; Barni *et al*, 2015).

A BR-319 coloca o governo Lula em um dilema, pois precisa decidir entre controlar o desmatamento ou seguir com a obra como está licenciada.

5.3 Exploração de petróleo na Margem Equatorial brasileira

A Margem Equatorial é vista como um novo centro energético estratégico pela Petrobras, que está em fase de avaliação do seu potencial comercial. No entanto, a exploração de petróleo na sensível região da Bacia da Foz do Amazonas é preocupante. A Petrobras mantém seus planos nessa área. Parte do seu portfólio na Margem Equatorial envolve águas ultraprofundas no estado do Amapá, a cerca de 2.880 metros de profundidade e a 540 km da foz do rio Amazonas. O projeto demandará um investimento de US$ 3 bilhões nos próximos cinco anos. Há impactos desconhecidos na região, enquanto o presidente Lula enfrenta críticas por aparentemente contrariar sua promessa de transição energética e economia de baixo carbono.

5.4 Conclusão da Ferrogrão

A Ferrogrão (EF-170) é um projeto ferroviário planejado para conectar Sinop, em Mato Grosso, a Miritituba, no Pará, com o objetivo de viabilizar o transporte da produção de grãos do norte de Mato Grosso para exportação através do rio Tapajós. O processo de concessão foi interrompido em 2021 devido a uma decisão provisória do STF, que questionou a necessidade de alterar a área da Floresta Nacional do Jamanxim, no Pará, para manter o traçado original.

A implementação da Ferrogrão, ao agilizar o transporte de grãos e diminuir os custos de produção, pode intensificar a especulação imobiliária e o desmatamento próximo a terras indígenas em Mato Grosso e no Pará. Ademais, o projeto apresenta falhas como: 1) desconsideração dos critérios internacionais de sustentabilidade; 2) descuido em relação ao desmatamento de mais de 2 mil km² de floresta; 3) estímulo à ocupação ilegal de terras e conflitos fundiários; 4) aumento da pressão para reduzir unidades de conservação; 5) violação dos direitos das comunidades indígenas; 6) desrespeito aos compromissos de zero desmatamento assumidos pelas empresas agropecuárias e 7) subvalorização do elevado custo de construção da ferrovia e retorno abaixo do esperado (Escudeiro, 2023).

O governo Lula terá o desafio de encontrar estratégias que minimizem os impactos negativos ao meio ambiente, como o desmatamento, a pressão sobre áreas protegidas e os conflitos fundiários, ao mesmo tempo que impulsiona a economia e o progresso regional.

6. CONSIDERAÇÕES FINAIS

Em síntese, a análise temporal da agenda ambiental brasileira revela uma trajetória pontuada após o governo FHC, seguida por uma fase de equilíbrio durante os três governos petistas, algumas mudanças a partir de Temer e uma grande ruptura durante o mandato de Bolsonaro.

Durante os governos de FHC, Lula e Dilma, a política ambiental testemunhou avanços normativos e estratégicos, embora enfrentasse desafios persistentes. Esses governos se destacavam por serem abertos ao debate e à participação de diversos atores. No entanto, o governo Bolsonaro representou um retrocesso, caracterizado pelo desmonte institucional, cortes orçamentários, desmobilização de órgãos importantes e flexibilização de penalidades, resultando no aumento do desmatamento e na perda de prestígio internacional.

Diante desse contexto, o primeiro ano do terceiro mandato de Lula se concentrou em retomar e reativar o que estava em gestões anteriores, reconstruindo o que foi desmantelado no período de 2019 a 2022. Portanto, observa-se, por meio das ações e do ordenamento jurídico, um processo maior de reconstrução do que de inovação. Parte das promessas de campanha continua em andamento, mas com modificações significativas. A implementação completa da legislação, como a reestruturação dos órgãos ambientais, a supressão da falta de técnicos nos órgãos (Ibama, MMA), o investimento em equipamentos e infraestrutura, o fortalecimento do licenciamento ambiental e de outros instrumentos da política ambiental, bem como o estímulo à participação da sociedade nos processos decisórios, ainda estão pendentes.

Além de reestruturar o que foi desmontado e enfrentar o desmatamento e as emissões de gases de efeito estufa, há desafios consideráveis. O embate entre impulsionar o desenvolvimento regional, alavancar o agronegócio e alcançar autonomia energética, ao mesmo tempo que atende às preocupações ambientais, representará um desafio considerável para o governo Lula. Projetos como a Ferrogrão, que promovem a conectividade logística e impulsionam a economia, especialmente no setor agrícola, assim como a exploração do novo hub energético localizado na região equatorial, requerem uma análise criteriosa. O desafio estará em encontrar soluções que conciliem as demandas do desenvolvimento sustentável e a preservação ambiental, garantindo o progresso econômico sem comprometer a biodiversidade e os direitos das comunidades locais. Esse equilíbrio delicado entre fomentar o crescimento econômico e mitigar os danos ambientais será um dos grandes testes para o governo Lula, demandando medidas políticas e estratégias para harmonizar tais interesses conflitantes.

AGRADECIMENTOS

À Profa. Dra. Renata Mirandola Bichir (Each-USP) pela valiosa conversa que mudou o rumo do capítulo.

REFERÊNCIAS

ARAÚJO, S. M. V. G. Environmental Policy in the Bolsonaro Government: the Response of Environmentalists in the Legislative Arena. *Brazilian Political Science Review*, v. 14, 2020.

ASSUMPÇÃO-RODRIGUES, M. M. *Políticas públicas*. São Paulo: Coleção Folha Explica, 2010.

BARBOSA, L. G.; ALVES, M. A. S.; GRELLE, C. E. V. Actions Against Sustainability: Dismantling of the Environmental Policies in Brazil. *Land Use Policy*, v. 104, 2021.

BARNI, P. E.; FEARNSIDE, P. M.; GRAÇA, P. M. L. A. Simulating Deforestation and Carbon Loss in Amazonia: Impacts in Brazil's Roraima State from Reconstructing Highway BR-319 (Manaus-Porto Velho). *Environmental Management*, v. 55, p. 259-278, 2015.

BAUMGARTNER, F. R.; JONES, B. D. *Agendas and Instability in American Politics*. Chicago: University of Chicago Press, 1993.

BRASIL. Relatório Final do Gabinete de Transição Governamental, 2022. Disponível em: https://gabinetedatransicao.com.br/wp-content/uploads/2022/12/relatorio-final-da-transicao-de-governo.pdf. Acesso em: 15 nov. 2023.

BRASIL, F. G. *A dinâmica das políticas de saúde e de assistência social no Brasil*: incrementalismo e pontuações na atenção governamental entre 1986 e 2003. Tese (Doutorado em Ciência Política) – Universidade Federal de São Carlos, São Carlos, 2017.

BRASIL, F. G.; CAPELLA, A. C. N. Agenda governamental brasileira: uma análise da capacidade e diversidade nas prioridades em políticas públicas no período de 2003 a 2014. *Cadernos Gestão Pública e Cidadania*, v. 24, n. 78, 2019.

CAPELLA, A. Perspectivas teóricas sobre o processo de formulação de políticas públicas. *Revista Brasileira de Informação Bibliográfica em Ciências Sociais*, São Paulo, n. 61, p. 25-52, 2006.

ESCOBAR, H. 2019 Bolsonaro's First Moves Have Brazilian Scientists Worried. *Science*, v. 363, n. 6425, p. 330, 25 jan. 2019.

ESCUDEIRO, J. F. Relevância do licenciamento ambiental no setor ferroviário e da atuação integrada da Administração Pública na defesa do meio ambiente: exame analítico do Projeto Ferrogrão. Monografia (Especialização em Direito Administrativo) – Faculdade de Direito da Pontifícia Universidade Católica de São Paulo, São Paulo, 2023.

FEARNSIDE, P. M. Lula and Amazonia. *In*: BOURNE, R. (ed.) *Brazil After Bolsonaro*: The Comeback of Lula Da Silva. Nova York: Routledge, 2023. p. 131-143.

KINGDON, J. *Agendas, Alternatives, and Public Policies*. 2. ed. Nova York: Longman, 2003.

LINDBLOM, C. The Science of Muddling Through. *Public Administration Review*, v. 19, p. 79-88, 1959.

LOTTA, G. A política pública como ela é: contribuições dos estudos sobre implementação para a análise de políticas públicas. *In*: LOTTA, G. (org.). *Teorias e análises sobre implementação de políticas públicas no Brasil*. Brasília: Enap, 2019. p. 11-38.

MARQUES, E. C. L. (ed.). *The Politics of Incremental Progressivism*: Governments, Governances and Urban Policy Changes in São Paulo. Hoboken: John Wiley & Sons, 2021.

MENEZES, R. G.; BARBOSA, R. J.. Environmental Governance Under Bolsonaro: Dismantling Institutions, Curtailing Participation, Delegitimising Opposition. *Zeitschrift Für Vergleichende Politikwissenschaft*, v. 15, n. 2, p. 229-247, 2021.

MINISTÉRIO DO MEIO AMBIENTE E MUDANÇA DO CLIMA (Brasil). Dados do Deter/Inpe – Julho/2023 e Ações do Governo Federal. *In*: Governo divulga dados do desmatamento na Amazônia: 3 de agosto de 2023, Brasília. Ministério do Meio Ambiente e Mudança do Clima, 2023. Disponível em: https://www.gov.br/inpe/pt-br/assuntos/ultimas-noticias/nota-sobre-divulgacao-dos-dados-do-deter. Acesso em: 15 nov. 2023.

MOURA, A. M. M. Trajetória da política ambiental federal no Brasil. *In*: MOURA, A. M. M. (org.). *Governança ambiental no Brasil*: instituições, atores e políticas públicas. Brasília: Ipea, 2016. p. 13-44.

RODRIGUES, Meghie. Bolsonaro's Troubled Legacy for Science, Health and the Environment. *Nature*, v. 609, n. 7929, p. 890-891, 2022.

SANTOS, J. L. *et al.* Amazon Deforestation: Simulated Impact of Brazil's Proposed BR-319 Highway Project. *Environmental Monitoring and Assessment*, v. 195, n. 10, p. 1217, set. 2023.

SARAVIA, E. Introdução à teoria da política pública. *In:* SARAVIA, E.; FERRAREZI, E. (org.). *Políticas públicas*: coletânea. V. 1. Brasília: Enap, 2006. p. 21-42.

A retomada do ativismo diplomático brasileiro na América do Sul

Fernanda Nanci Gonçalves
e Ghaio Nicodemos Barbosa

Durante os governos de Luiz Inácio Lula da Silva (2003-2010), inúmeras pesquisas (como Wehner, 2011; Carvalho; Gonçalves, 2016) evidenciaram que o Brasil intensificou sua atuação enquanto potência regional, investindo na construção ideacional e institucional da América do Sul. Dentre as iniciativas conduzidas pelo país, destacam-se a criação da União de Nações Sul-Americanas (Unasul), os financiamentos concedidos pelo Banco Nacional de Desenvolvimento Econômico e Social (BNDES), os projetos inseridos na Iniciativa para a Integração da Infraestrutura Regional Sul-Americana (IIRSA) e o impulsionamento da internacionalização das empresas brasileiras na sub-região. Assim, o país arcava com os custos de ser um *paymaster* da integração sul-americana. Também foi enfatizada a atuação ativa do governo Lula na construção de uma agenda de defesa regional com a instituição do Conselho de Defesa Sul-Americano (CDS) e a busca por prover bens públicos por meio de ações de cooperação em âmbito regional, sendo a América do Sul o maior destino da cooperação brasileira.

São diversos os exemplos do ativismo regional ao longo desse período, embora a definição do Brasil como potência regional não seja inconteste na literatura ou por seus próprios vizinhos, como destacam Carvalho e Gonçalves (2016). Por outro lado, também abundam exemplos para caracterizar o declínio da atuação do país na região durante os governos de Dilma Rousseff (2011-2016), Michel Temer (2016-2018) e, em especial, de Jair Bolsonaro (2019-2022). As condições do cenário externo conjugadas à complicação da situação econômica brasileira, resultante de fragilidades não enfrentadas nos governos de Lula, explicam, em parte, o menor ativismo do Brasil em assuntos de política externa e em termos regionais durante os governos de Rousseff. Mas, durante os governos Temer e Bolsonaro, a América do Sul foi definitivamente deslocada das prioridades diplomáticas, tornando-se elemento secundário na inserção internacional, vide a baixa prioridade dada ao Mercado Comum do Sul (Mercosul) e, em especial, as relações com o mais importante vizinho brasileiro, a Argentina, no último governo.

É evidente que o atual governo de Lula defronta-se com desafios para reconstruir a imagem abalada do Brasil na região e no mundo, mas, como lembram Pinheiro e Herz (2023), a intenção de retomar as diversas orientações da diplomacia "ativa e altiva" é explícita. Nos discursos de vitória e de posse, Lula destacou o objetivo de reposicionar o Brasil enquanto protagonista internacional, reforçar a integração regional e o multilateralismo global, além de trabalhar em prol do combate à fome, à desigualdade global e de liderar debates sobre temas ambientais (Pinheiro; Herz, 2023).

Apesar do pouco tempo de mandato, é possível observar sinais de que existe uma real disposição da diplomacia brasileira em retomar o ativismo global e regional. Este capítulo busca sintetizar as iniciativas diplomáticas direcionadas para a América do Sul no primeiro ano de mandato de Lula, até outubro de 2023, identificando como o governo vem conduzindo as relações regionais em busca de reconquistar o protagonismo brasileiro na sub-região. Em função do tema ser bastante atual e partir de uma análise da conjuntura, são utilizadas como fontes, além de artigos acadêmicos, informações disponíveis em jornais, que realizam a cobertura da agenda diplomática brasileira, bem como fontes primárias do governo, como as notas à imprensa divulgadas pelo Ministério das Relações Exteriores (MRE) em seu site oficial.

Este capítulo é composto por três seções, além desta introdução. A seção a seguir apresenta o marco teórico-conceitual que orienta a análise proposta, discorrendo sobre os conceitos de potência e liderança regional. Em seguida, apresentam-se as iniciativas levadas a cabo pelo presidente Lula na América do Sul a partir do início de seu terceiro mandato. Por fim, apresenta-se a conclusão.

POTÊNCIA E LIDERANÇA REGIONAL

As mudanças na distribuição de poder no sistema internacional no início do século 21, propiciadas pelo enfraquecimento da liderança política dos Estados Unidos e pela ascensão de outros polos de poder, suscitou novo interesse da academia pelo tema das regiões. A literatura sobre esse assunto não é nova, pois diversos conceitos foram desenvolvidos ao longo do tempo para compreender os fenômenos políticos, econômicos e sociais que existem nas regiões. Os enfoques analíticos são múltiplos: alguns favorecem a abordagem política, outros partem de critérios econômicos e ainda há os que discutem a partir de critérios de proximidade geográfica, dos problemas que compartilham e do estudo das ideias. Nessas pesquisas, o termo potência regional é utilizado, geralmente, para referenciar uma hierarquia de poder no sistema internacional, referindo-se a um país que é influente em uma determinada região ou sub-região (Nabers; Godehardt, 2011). Assim, caracteriza-se como um termo geopolítico.

Para analisar as potências regionais, Nolte (2011) sistematizou uma definição a partir de diferentes correntes teóricas das relações internacionais, como o realismo, o construtivismo e o institucionalismo neoliberal. Conforme sua proposta, uma potência regional é definida como um país que: (1) articula uma posição de liderança em uma região delimitada geográfica, econômica e politicamente; (2) possui os recursos materiais (militares, econômicos e demográficos), organizacionais (políticos) e ideológicos para projeção de poder regional; (3) possui grande influência nas relações e nos resultados dos processos regionais; (4) possui interdependência econômica, política e cultural na região; (5) influencia de forma significativa a delimitação geográfica e a construção política e ideacional da região; (6) exerce influência por meio de estruturas de governança regional; (7) articula e define uma identidade e um projeto regional; (8) provê bens coletivos para a região ou participa de forma significativa da provisão desses bens; (9) influencia fortemente a definição da agenda de segurança regional; (10) tem uma posição de liderança reconhecida ou respeitada pelos demais atores regionais e extrarregionais; (11) participa de fóruns inter-regionais e globais representando não apenas seus interesses, mas também, ao menos de forma limitada, os interesses regionais.

Embora não exista uma definição única de potência regional, a proposta acima abrange diferentes aspectos que a literatura sugere como definidores desses Estados, englobando os recursos materiais e políticos, a disposição para assumir a liderança na região, o exercício da liderança e o reconhecimento dos vizinhos sobre o desempenho desse papel.

No entanto, para classificar um país nessa categoria, é necessário medir alguns indicadores. A capacidade material é analisada por meio de indicadores econômicos, militares, demográficos e de desenvolvimento. Já mensurar a disposição de assumir um papel de liderança na região é um exercício mais complicado, pois envolve a avaliação das ações de política externa dos países na região. Como mensurar a liderança é uma tarefa complicada – pois o próprio conceito é contestado na literatura – Lima (2014) sugere que esse exercício seja compreendido não como a influência sobre terceiros, mas como a influência sobre os resultados.

Outro autor que discute formas de compreender o fenômeno é Flemes (2012), que propõe quatro tipos de categorias de liderança: (1) distributiva (provisão de bens públicos para a região, arcando com a maior proporção dos custos); (2) multilateral (compartilhar poder com potências secundárias na tomada de decisões em instituições multilaterais); (3) normativa (projeção de normas e valores para obter aceitação do projeto regional); (4) consensual (articular uma agenda pluralista que conduza a criação de um consenso regional).

Wehner (2011) discute liderança a partir de três tipos propostos por Young (1991 apud Wehner, 2011, p. 141): (1) estrutural, (2) empreendedora e (3) intelectual. O primeiro tipo se refere à tradução do poder estrutural (recursos materiais) em influência nas decisões, podendo fazer uso de recompensas ou sanções. O segundo aspecto concerne à habilidade de convencer e atrair os atores para uma negociação institucional que resulte em benefícios para todos, assim, é consensual em sua essência e não envolve sanções ou recompensas. O terceiro ponto se refere ao uso de conhecimento especializado para moldar as perspectivas dos atores, ou seja, baseia-se no poder das ideias.

Como mencionado, não há consenso sobre liderança na literatura, mas as definições se aproximam em alguns aspectos ao enfatizarem o exercício da liderança (1) cooperativa/consensual/empreendedora, (2) normativa/intelectual e (3) estrutural/distributiva (via utilização dos recursos materiais). Desse modo, ao discutir a retomada do ativismo brasileiro na América do Sul nesse primeiro ano do governo Lula, busca-se identificar se o país está conseguindo desempenhar o papel de potência regional e se está exercendo liderança na sub-região a partir da análise do comportamento brasileiro, identificando exemplos de iniciativas que corroborem esses três tipos de liderança apresentadas. É a essa tarefa que se dedica a seção a seguir ao avaliar a política externa para a América do Sul ao longo de 2023.

O REPOSICIONAMENTO DIPLOMÁTICO NA AMÉRICA DO SUL

No início do século 21, cunhou-se o termo "onda rosa" para se referir à eleição de lideranças de centro-esquerda nos países sul-americanos, período marcado por iniciativas diversas de cooperação regional e por diferentes matizes ideológicos dos governos progressistas que estavam no poder. Como uma onda, a emergência de tais governos enfraqueceu a partir de 2015, dando origem à ascensão de governos de cunho neoliberal na região. Após alguns anos, contudo, observa-se a reemergência de uma "onda rosa", alicerçada na esperança de uma mudança profunda nas estruturas políticas, econômicas e sociais que se expressou por meio do voto popular nas urnas nos últimos anos.

Essa esperança foi depositada nos governos da Argentina (2019), Bolívia (2020), Peru (2021), Chile (2022), Colômbia (2022) e Brasil (2022), e tem repercutido em importantes mudanças retóricas dos governos da sub-região, que passaram a defender abertamente a retomada de uma mais profunda cooperação (Gonçalves, 2023).

No que tange ao Brasil, nota-se nesse primeiro ano do terceiro governo Lula que o país busca retomar seu papel de articulador regional, disposto a arcar com os custos da integração. Em seu discurso de posse, em 1º de janeiro de 2023, o presidente enfatizou a importância de organismos regionais e a intenção de fortalecer o regionalismo e recuperar instituições esvaziadas, explicitando que o protagonismo brasileiro "se concretizará pela retomada da integração sul-americana, a partir do Mercosul, da revitalização da Unasul e demais instâncias de articulação soberana da região" (Silva, 2023).

Em 5 de janeiro, em nota à imprensa, o MRE apresentou o retorno do país ao Pacto Global para a Migração Segura (MRE, 2023a) e a Comunidade de Estados Latino-Americanos e Caribenhos – Celac (MRE, 2023b). O retorno ao pacto migratório se insere em um contexto crônico de fluxos migratórios na América do Sul, como a crise de refugiados venezuelanos. O MRE destacou a necessidade de recompor o patrimônio diplomático do país e reinserção ao convívio internacional, veiculando o compromisso do presidente Lula de comparecer à 7ª Cúpula da Celac, agendada para 24 de janeiro, em Buenos Aires. O governante brasileiro reiterou seu compromisso regional ao retornar à organização após o seu antecessor ter se retirado de todos os níveis da organização (Soares, 2023).

Ademais, o mandatário planejou sua primeira visita oficial à Argentina, tradição diplomática rompida por Bolsonaro, em uma clara demonstração da importância das relações bilaterais na agenda diplomática brasileira. No encontro com o então presidente Alberto

Fernández, em janeiro, Lula declarou, à revelia das inúmeras críticas que recebeu da imprensa e da oposição, que o governo voltaria a financiar obras de infraestrutura nos países vizinhos por meio do BNDES, apresentando disposição para arcar com custos da integração. Os presidentes negociaram a participação brasileira na construção de um gasoduto na Argentina que auxiliará o Brasil a diminuir sua dependência do gás boliviano. No mesmo encontro, Lula foi alvo de críticas por discutir a possibilidade de uma moeda sul-americana comum a ser utilizada para trocas comerciais (Diário do Comércio, 2023).

O tema da estabilização da economia argentina teve centralidade nos sucessivos encontros bilaterais dos dois líderes ao longo de 2023, em 5 de maio (Planalto, 2023b) e 26 de junho (Planalto, 2023d), além de integrar suas reuniões às margens de grandes encontros multilaterais, como a Cúpula Celac-União Europeia e o Encontro do G-20. No encontro em junho foi retomada a parceria estratégica entre os dois países, e diversas ações bilaterais foram anunciadas no "Programa de Ação para o Relançamento da Parceria Estratégica" (Latitude Sul, 2023a). Mas, o ápice das relações entre os países se deu com a adesão da Argentina ao Brics, aprovada na cúpula do bloco em agosto, quando o apoio brasileiro foi fundamental.

O mandatário brasileiro fez sua segunda viagem presidencial para o Uruguai, no dia 25 de janeiro, após a Cúpula da Celac, onde encontrou-se com o presidente Luis Lacalle Pou. A intenção de Lula era mediar alternativas à pretensão uruguaia de estabelecer um tratado de livre comércio com a China, acordo que, se concretizado, poderá enfraquecer o Mercosul. Na ocasião, Lula buscou dissuadir Lacalle Pou em prol do fortalecimento do bloco mercosulino. Após o encontro, o brasileiro acenou que os países do Mercosul deveriam atuar juntos para destravar o acordo comercial com a União Europeia e tratar da abertura comercial com a China conjuntamente

(Loures; Reis, 2023). Em encontro posterior no Brasil, em março, Lula e Lacalle Pou anunciaram um pacote de acordos de integração física e logística, como a binacionalização do aeroporto de Rivera, o desenvolvimento da hidrovia Brasil-Uruguai e a construção de uma nova ponte sobre o rio Yaguarón (Latidude Sul, 2023f). Tanto nas relações com a Argentina como com o Uruguai, nota-se claramente a busca por recompor a liderança brasileira na região em termos distributivos e cooperativos.

Na tentativa de reposicionar o país como mediador, aspecto central para um país que deseja projetar-se como potência regional, Lula tratou das negociações comerciais Mercosul-União Europeia diretamente com autoridades da Europa, como o chanceler alemão Olaf Scholz, quando este visitou o Brasil em janeiro (G1, 2023). A investida de mediar o acordo sinaliza um traço de liderança cooperativa/consensual/empreendedora por parte do governo brasileiro. Ao assumir a presidência *pro tempore* do Mercosul, em julho, Lula reiterou o compromisso de destravar o acordo com o bloco europeu e reforçou que parceiros estratégicos não devem negociar na base da desconfiança ou da ameaça de sanções (Latitude Sul, 2023b). No entanto, o presidente não conseguiu demover o presidente uruguaio Lacalle Pou de buscar acordos de livre-comércio fora do Mercosul, o que acarretou a não assinatura uruguaia na declaração conjunta do bloco.

Outra sinalização do governo brasileiro para recuperar seu papel como uma potência regional foi a proposta de retomada da Unasul. O Brasil oficializou o seu retorno à organização no dia 6 de abril, em decreto publicado no Diário Oficial da União (DOU), reintegrando o país ao organismo em 30 dias (Governo Federal, 2023). A Unasul foi criada em 2008, representando uma grande inovação regional, e, à época, o país teve grande relevância para a construção política e ideacional da organização, sendo um dos principais promotores do organismo (Carvalho; Gonçalves, 2016). A Unasul, em crise, contava apenas com Bolívia, Guiana, Suriname e Venezuela, além do Peru, suspenso em função da crise política no país. O retorno do Brasil à instituição em 2023 foi acompanhado pela Argentina. A expectativa do governo brasileiro é de que com lideranças da centro-esquerda no Chile (Gabriel Boric) e na Colômbia (Gustavo Petro), a Unasul possa ganhar um novo impulso no atual cenário (Governo Federal, 2023), porém, no plano prático a organização permanece enfraquecida.

A organização pelo Brasil da reunião de presidentes sul-americanos em Brasília, em maio de 2023, buscou estimular o retorno dos países à instituição, mas não obteve o êxito esperado. O Uruguai, por exemplo, posicionou-se contra mais organizações na região, apelando por ações práticas. A Colômbia, por outro lado, demonstrou intenção em retornar ao organismo, mas propôs a mudança do nome. Sem um acordo, ao final da reunião foi divulgado uma declaração chamada "Consenso de Brasília" que reafirma a intenção dos países vizinhos em prol da integração, sem mencionar a Unasul como fórum privilegiado (Agência Brasil, 2023). Nesse sentido, observa-se que ainda falta capacidade de liderança ao Brasil para mobilizar os países vizinhos a retornarem à instituição, uma vez que cabe à potência regional o papel de liderar a construção da governança na região, no sentido político e ideacional.

Outra iniciativa do governo brasileiro foi atuar como "construtor da paz" na Venezuela. Potências regionais atuam como mediadoras, buscando garantir a ordem regional e afastar ameaças extrarregionais. Nesse sentido, na tentativa de reconstruir esse papel, o governo Lula iniciou em janeiro o processo para reabrir a embaixada em Caracas e retomar o diálogo com o país vizinho (MRE, 2023c), que – em função do isolamento regional – tem se aproximado da Rússia e da China. Ademais, houve o envio, em março, do assessor especial da Presidência da República, o ex-chanceler Celso Amorim, para mediar o diálogo entre o governo de Nicolás Maduro e a oposição (Rouvenat; Abreu, 2023). Em 29 de maio, ocorreu o encontro bilateral entre os presidentes brasileiro e venezuelano, ocasião em que se tratou de críticas às sanções internacionais contra a Venezuela, reativação da cooperação energética e colaboração em ações de combate ao narcotráfico na fronteira (Latitude Sul, 2023c).

A busca por atuar como país mediador na região também pôde ser observada na indicação da diplomata Glivânia de Oliveira para participar da segunda rodada de negociações da Mesa de Diálogos de Paz entre o governo da Colômbia e o Exército de Libertação Nacional (ELN), em fevereiro, no México (MRE, 2023d). Na mesma linha, o presidente Lula se posicionou favorável a uma solução negociada para a guerra entre a Rússia e a Ucrânia, propondo a criação de um "clube da paz", tendo o governo brasileiro buscado se posicionar como um protagonista internacional, representante dos interesses da região sul-americana. Tais iniciativas reforçam a busca pela retomada de um ativismo brasileiro em prol da construção de consensos na região e no mundo.

No âmbito multilateral o governo Lula também buscou marcar posição, demonstrando o compromisso regional do Brasil. Um exemplo foi a eleição de Jarbas Barbosa, médico brasileiro especialista em saúde pública, para a direção da Organização Panamericana de Saúde (MRE, 2023e), em janeiro. Outros exemplos ocorreram durante o mês de março, com o posicionamento ativo do chanceler Mauro Vieira na Reunião dos Ministros do G-20 (MRE, 2023f), em defesa da cooperação para o desenvolvimento, e na XXVII Cúpula Iberoamericana (MRE, 2023g), reforçando o compromisso do

Brasil em se posicionar como um interlocutor de peso da região sul-americana no mundo.

No que tange às relações entre América Latina e União Europeia, na cúpula Celac-UE, o governo brasileiro mediou uma posição comum entre as partes, discutindo mudanças na governança global e tratando de temas como combate à pobreza e à fome, regulamentação das redes sociais e proteção da Amazônia. Todavia, no encontro, o presidente brasileiro tentou, sem sucesso, construir uma posição comum sobre a situação da Ucrânia, falhando no quesito de uma liderança normativa e ideacional (Latitude Sul, 2023d; Planalto, 2023c).

A busca por exercer protagonismo em temas climáticos foi outro fator substantivo na retomada da projeção regional do Brasil, em busca da construção de uma liderança cooperativa e consensual. A realização do encontro da Organização do Tratado de Cooperação Amazônica (OTCA), em agosto, em Belém (PA), favoreceu a reativação das comissões temáticas pré-existentes e a criação de outras, possibilitando maior diálogo entre os países amazônicos, favorecendo a governança regional em temas como biodiversidade, povos indígenas, recursos hídricos e cooperação técnica (Latitude Sul, 2023e).

A expansão dos BRICS, realizada em 24 de agosto de 2023, se estabeleceu após negociações entre os cinco membros do bloco, onde a diplomacia brasileira negociou a inclusão da Argentina entre os novos membros, país cuja entrada nos BRICS foi defendida pelo presidente Lula e pelo seu assessor especial para relações exteriores, Celso Amorim (BBC, 2023; PLANALTO, 2023a).

A presidência brasileira do Conselho de Segurança das Nações Unidas, durante o mês outubro de 2023, em meio ao conflito entre Israel e o Hamas em Gaza, foi outro exemplo da retomada do ativismo brasileiro em organizações internacionais, onde o chanceler

Mauro Vieira presidiu reuniões do colegiado na tentativa de estabelecer corredores humanitários para assegurar a proteção de civis (LATITUDE SUL, 2023c). Apesar da proposta brasileira apresentada em 18 de outubro ter sofrido com o veto do governo estadunidense, o ativismo brasileiro foi relevante a proposição de sucessivas resoluções por outros países.

CONCLUSÃO

O contexto regional atual não se assemelha ao da "onda rosa", em que houve um esforço conjunto em prol da integração regional e da construção de uma governança por meio de instituições. Se o exercício de uma liderança regional demanda atuar como um *paymaster* com a provisão de bens públicos, ser mediador e construtor de uma governança a partir de normas e ideias comuns à coletividade regional, o Brasil ainda precisa envidar mais esforços para legitimar o seu ativismo diplomático. Tais esforços precisam se dar em nível doméstico – frente às críticas de financiamento a países vizinhos endividados e às dificuldades econômicas nacionais – e em nível regional – com a recuperação da confiança e da credibilidade frente aos vizinhos.

A ausência de uma política regional ativa nos últimos anos, somada às dificuldades econômicas internas, não apenas limitam os recursos disponíveis para o ativismo diplomático como abrem espaço para que potências extrarregionais e potências secundárias da sub-região ampliem sua influência na América do Sul, limitando o exercício de potência por parte do Brasil. Como lembra Casarões (2023: 48-49), "a presença chinesa na região cresceu nada menos que 26 vezes entre 2000 e 2020, reduzindo significativamente as possibilidades de expansão de comércio e investimentos brasileiros". No que tange à dimensão material – que faz parte do exercício do papel de potência regional –, o governo Lula terá de lidar com a concorrência estrangeira em um momento de desvantagem competitiva. No âmbito sub-regional, Casarões (2023: 48) destaca que "a boa notícia é que o vácuo de poder deixado pelo desinteresse brasileiro ainda não foi totalmente preenchido, a despeito de ensaios de protagonismo regional por parte de Chile e Colômbia".

O que se observa no primeiro ano do novo governo Lula é que os sinais de maior disposição para atuar como liderança regional se concentram mais na dimensão subjetiva – no que tange à busca por demonstrar que o país está disposto a atuar e ser percebido pelos vizinhos como tal – do que propriamente na dimensão material. Existe uma retomada ativa do discurso da integração e da revitalização de organismos regionais – como a Unasul, a Celac e o Mercosul – inserida em uma estratégia de inserção regional que é limitada pelas atuais capacidades estruturais e financeiras de o governo agir como um indutor do desenvolvimento e provedor de bens públicos na sub-região.

Observa-se que a retomada do protagonismo regional vem sendo realizada de forma cuidadosa, evitando aumentar em muito as responsabilidades brasileiras com os países vizinhos e gerenciando expectativas sobre a execução de grandes projetos. Apesar dos desafios atuais, a administração Lula pode coordenar estratégias com organizações regionais, como o BID e a Opas, que possuem orçamento próprio, ou mesmo captar apoio fora da região para concretizar projetos. A eleição de Dilma Rousseff para a presidência do Novo Banco de Desenvolvimento do Brics, em março de 2023, parece compor o mosaico de uma política externa comprometida em ampliar o protagonismo do Brasil e de sua região.

Ao mesmo tempo, o atual governo enfrenta desafios no campo político-institucional, devido ao enfraquecimento das instituições regionais, em que crises eram negociadas, e da piora no quadro político e econômico venezuelano nos últimos anos. Lula tem evitado fricção com países vizinhos em temas polêmicos, assegurando o respeito à soberania e à autodeterminação, mas, quando possível, busca atuar como mediador, como nos casos colombiano e venezuelano. Assim, mesmo diante de obstáculos institucionais e sem recursos financeiros robustos, a diplomacia brasileira ainda se apresenta como um importante ativo a serviço da estabilidade regional. No que tange ao papel de mediador, ainda é difícil mensurar resultados, não sendo possível afirmar que nesses casos foi bem-sucedido, visto ainda serem situações em andamento. Mas a mediação encontra a seletividade brasileira, uma vez que o governo não adotou uma posição crítica ao governo de Dina Boluarte no Peru, apesar da crise política e da repressão estatal contra os opositores. Se o objetivo é operar como uma potência regional, o país deve investir mais ativamente na sua capacidade de liderança, governança e resolução pacífica de controvérsias, com um comprometimento ativo para superar as crises na vizinhança.

O terceiro mandato de Lula está no início e certamente é cedo para identificar se, na prática, o país terá as capacidades materiais e a disposição necessária para estabelecer-se como uma potência regional, em um contexto distinto daquele que se apresentou na primeira década dos anos 2000. A partir do exposto, observa-se que a liderança brasileira na América do Sul, até o presente momento, pode ser notada nos quesitos cooperativa/consensual/empreendedora, bastante limitada na categoria estrutural/distributiva e inexistente no aspecto ideacional/normativo. Conclui-se que a intenção em retomar o papel de liderança do país na América do Sul é explícita, mas o caminho é repleto de desafios em termos financeiros, ideacionais e político-institucionais. Mesmo diante dos obstáculos, os sinais são claros: a intenção é retomar o protagonismo brasileiro, na região e no mundo.

REFERÊNCIAS

BBC. Expansão do Brics: bloco anuncia 6 novos membros. *BBC*, 24 de agosto de 2023. Disponível em: https://www.bbc.com/portuguese/articles/c3gz5nzlny5o. Acesso em: 17 fev. 2024.

CARVALHO, P. N.; GONÇALVES, F. C. N. I. Brasil como potência regional: uma análise da sua liderança na América do Sul no início do século XXI. *Carta Internacional*, v.11, n.13, 2016. Disponível em: https://www.cartainternacional.abri.org.br/Carta/article/view/570. Acesso em: 24 jan. 2024.

DIÁRIO DO COMÉRCIO. Lula e Fernández defendem moeda comum sul-americana em artigo. *Diário do Comércio*, 22 jan. 2023. Disponível em: https://diariodocomercio.com.br/economia/lula-e-fernandez-defendem-moeda-comum-sul-americana-em-artigo/. Acesso em: 9 abr. 2023.

FLEMES, D. Actores estatales y regionalismo estratégico: Brasil y Colombia en el orden multipolar. *In*: JOST, S. *et al* (ed.). *Colombia y Brasil*: ¿socios estratégicos en la construcción de Suramérica? Bogotá: Pontificia Universidad Javeriana, Konrad Adenauer, Giga, Universidad San Buenaventura, 2012.

G1. Lula recebe chanceler da Alemanha, Olaf Scholz, em reunião em Brasília nesta segunda. *G1,* 30 jan. 2023. Disponível em: https://g1.globo.com/politica/noticia/2023/01/30/lula-recebe-chanceler-da-alemanha-olaf-scholz-em-reuniao-em-brasilia-nesta-segunda.ghtml. Acesso em: 9 abr. 2023.

GODEHARDT, N.; NABERS, D. *Regional Powers and Regional Orders.* Londres: Routledge, 2011.

GONÇALVES, F. C. N. I. Novos tempos na América do Sul? *Interesse Nacional*, 25 jan. 2023. Disponível em: https://interessenacional.com.br/edicoes-posts/fernanda-nanci-goncalves-novos-tempos-na-america-do-sul/. Acesso em: 13 abr. 2023.

GOVERNO FEDERAL. *Governo Federal anuncia retorno do Brasil à Unasul.* 7 abr. 2023. Disponível em: https://www.gov.br/planalto/pt-br/acompanhe-o-planalto/noticias/2023/04/governo-federal-anuncia-retorno-do-brasil-a-unasul. Acesso em: 9 abr. 2023.

LATITUDE SUL. Argentina e Brasil criam programa de ação conjunta para parceria estratégica. *Conjuntura Latitude Sul*, v. 6, 2023a. Disponível em:

http://neaape.com.br/wp-content/uploads/2022/08/ConjunturaLATSUL_Jun23.pdf. Acesso em: 2 out. 2023.

LATITUDE SUL. Brasil assume presidência do Mercosul. *Conjuntura Latitude Sul*, v. 7, 2023b. Disponível em: http://neaape.com.br/wp-content/uploads/2022/08/ConjunturaLATSUL_Jul23.pdf. Acesso em: 2 out. 2023.

LATITUDE SUL. Brasil preside Conselho de Segurança da ONU em meio à guerra Israel-Hamas. Conjuntura Latitude Sul, v. 10, 2023c. Disponível em: http://opsa.com.br/wp-content/uploads/2023/12/ConjunturaLATSUL_Out23.pdf. Acesso em: 17 fev. 2024.

LATITUDE SUL. Brasil e Venezuela normalizam relações diplomáticas e Maduro visita o Brasil. *Conjuntura Latitude Sul*, v. 5. 2023d. Disponível em: http://opsa.com.br/wp-content/uploads/2023/06/Boletim_OPSA_2023_n1-1.pdf. Acesso em: 2 out. 2023.

LATITUDE SUL. Cúpula entre CELAC e União Europeia é palco de divergências. *Conjuntura Latitude Sul*, v. 7, 2023d. Disponível em: http://neaape.com.br/wp-content/uploads/2022/08/ConjunturaLATSUL_Jul23.pdf. Acesso em: 2 out. 2023.

LATITUDE SUL. Países amazônicos revitalizam a Organização do Tratado de Cooperação Amazônica. *Conjuntura Latitude Sul*, v. 8, 2023e. Disponível em: http://neaape.com.br/wp-content/uploads/2022/08/ConjunturaLATSUL_Ago23.pdf. Acesso em: 2 out. 2023.

LATITUDE SUL. Uruguai e Brasil anunciam acordos de integração regional. *Conjuntura Latitude Sul*, v. 3, 2023f. Disponível em: http://neaape.com.br/wp-content/uploads/2022/08/ConjunturaLATSUL_Mar%C3%A7o2023.pdf. Acesso em: 2 out. 2023.

LIMA, M. R. S. A nova agenda sul-americana e o papel regional do Brasil. *Pensamiento Propio*, v. 19, p. 211-248, 2014.

LOURES, D.; REIS, J. Os 100 dias da política externa brasileira durante o governo Lula III. *Boletim OPSA*, v. 7, n. 1, p. 9-17, 2023.

MRE. *Retorno do Brasil ao Pacto Global para Migração Segura, Ordenada e Regular*. 5 jan. 2023a. Disponível em: https://www.gov.br/mre/pt-br/canais_atendimento/imprensa/notas-a-imprensa/retorno-do-brasil-ao-pacto-global-para-migracao-segura-ordenada-e-regular. Acesso em: 9 abr. 2023

MRE. *Retorno do Brasil à CELAC*. 5 jan. 2023b. Disponível em: https://www.gov.br/mre/pt-br/canais_atendimento/imprensa/notas-a-imprensa/retorno-do-brasil-a-celac. Acesso em: 9 abr. 2023.

MRE. *Envio de missão diplomática brasileira a Caracas*. 19 jan. 2023c. Disponível em: https://www.gov.br/mre/pt-br/canais_atendimento/imprensa/notas-a-imprensa/envio-de-missao-diplomatica-brasileira-a-caracas. Acesso em: 9 abr. 2023.

MRE. *Designação de representante para a Mesa de Diálogos de Paz entre o Governo da Colômbia e o Exército de Libertação Nacional (ELN)*. 14 fev. 2023d. Disponível em: https://www.gov.br/mre/pt-br/canais_atendimento/imprensa/notas-a-imprensa/designacao-de-representante-para-a-mesa-de-dialogos-de-paz-entre-o-governo-da-colombia-e-o-exercito-de-libertacao-nacional-eln. Acesso em: 9 abr. 2023.

MRE. *Nota à imprensa do Ministério das Relações Exteriores e do Ministério da Saúde – Posse de Jarbas Barbosa como Diretor da Organização Pan-Americana de Saúde (OPAS)*. 31 jan. 2023e. Disponível em: https://www.gov.br/mre/pt-br/canais_atendimento/imprensa/notas-a-imprensa/nota-a-imprensa-do-ministerio-das-relacoes-exteriores-e-do-ministerio-da-saude-posse-de-jarbas-barbosa-como-diretor-da-organizacao-pan-americana-de-saude-opas. Acesso em: 9 abr. 2023.

MRE. *Participação do Ministro Mauro Vieira na reunião de Ministros de Relações Exteriores do G20 – Nova Délhi, Índia*. 2 mar. 2023f. Disponível em: https://www.gov.br/mre/pt-br/canais_atendimento/imprensa/notas-a-imprensa/participacao-do-ministro-mauro-vieira-na-reuniao-de-ministros-de-relacoes-exteriores-do-g20-nova-delhi-india-2-3-2023. Acesso em: 9 abr. 2023.

MRE. *Intervenção do Ministro Mauro Vieira no segmento de Chefes de Estado e governo da XXVIII Cúpula Ibero-americana, na qual representou o Presidente Lula*. 25 mar. 2023g. Disponível em: https://www.gov.br/mre/pt-br/canais_atendimento/imprensa/notas-a-imprensa/intervencao-do-ministro-mauro-vieira-no-segmento-de-chefes-de-estado-e-governo-da-xxviii-cupula-ibero-americana-na-qual-representou-o-presidente-lula-2013-sao-domingos-25-de-marco-de-2023. Acesso em: 9 abr. 2023.

NOLTE, D. Regional Powers and Regional Governance. *In*: GODEHARDT, N.; NABERS, D. (ed.). *Regional Powers and Regional Orders*. Londres: Routledge, 2011.

PINHEIRO, L.; HERZ, M. The "Endless" First Days of the Third Lula Government. *Latin American Policy*, v. 14, p. 316–324, 2023.

PLANALTO. Em declaração conjunta, líderes do BRICS anunciam a entrada de seis novos países. Planalto Notícias, 23 ago. 2023a. Disponível em: https://www.gov.br/planalto/pt-br/acompanhe-o-planalto/noticias/2023/08/em-declaracao-conjunta-lideres-do-brics-anunciam-a-entrada-de-seis-novos-paises. Acesso em: 17 fev.2024.

PLANALTO. Lula e Alberto Fernández se reúnem em busca de soluções econômicas para a Argentina. *Planalto Notícias*, 3 mai. 2023b. Disponível em: https://www.gov.br/planalto/pt-br/acompanhe-o-planalto/noticias/2023/05/lula-e-alberto-fernandez-se-reunem-em-busca-de-solucoes-para-o-problema-de-credito-de-exportadores-brasileiros. Acesso em: 1 out. 2023.

PLANALTO. Na abertura da Cúpula Celac-UE, Lula defende nova governança global. *Planalto Notícias*, 17 jul. 2023c. Disponível em: https://www.gov.br/planalto/pt-br/acompanhe-o-planalto/noticias/2023/06/presidente-lula-recebe-alberto-fernandez-e-celebra-integracao-com-a-argentina Acesso em: 1 out. 2023.

PLANALTO. Presidente Lula recebe Alberto Fernández e celebra integração com a Argentina. *Planalto Notícias*, 26 jun. 2023d. Disponível em: https://www.gov.br/planalto/pt-br/acompanhe-o-planalto/noticias/2023/06/presidente-lula-recebe-alberto-fernandez-e-celebra-integracao-com-a-argentina. Acesso em: 1 out. 2023.

ROUVENAT, F.; ABREU, R. Celso Amorim se reúne com Nicolás Maduro em viagem à Venezuela. *G1*, 9 mar. 2023. Disponível em: https://g1.globo.com/politica/noticia/2023/03/09/celso-amorim-se-reune-com-nicolas-maduro-em-viagem-para-venezuela.ghtml. Acesso em: 9 abr. 2023.

SILVA, L. I. L. da. *Discurso do presidente Lula no Congresso Nacional*. 6 jan. 2023. Disponível em: https://www.gov.br/planalto/pt-br/acompanhe-o-planalto/discursos-e-pronunciamentos/2023/discurso-do-presidente-lula-no-congresso-nacional. Acesso em: 13 abr. 2023.

SOARES, I. Lula sobre alianças na América do Sul: "Brasil está de volta". *Estado de Minas*, 24 jan. 2023. Disponível em: https://www.em.com.br/app/noticia/politica/2023/01/24/interna_politica,1448554/lula-sobre-aliancas-na-america-do-sul-brasil-esta-de-volta.shtml. Acesso em: 13 abr. 2023.

WEHNER, L. Roles and Actions of Leadership: Brazil and the South American Others. *In*: GODEHARDT, N.; NABERS, D. (ed.). *Regional Powers and Regional Orders*. Londres: Routledge, 2011.

De volta para o futuro: gestão de crises e o retorno à busca por status no governo Lula 3

Miguel Mikelli Ribeiro

Conflitos são um dos grandes problemas contemporâneos das relações internacionais (RI). O fim da Guerra Fria gerou novas expectativas acerca do fim desses eventos danosos, sob a égide de uma suposta paz liberal (Fukuyama, 1992). No entanto, esse fato não se consubstanciou. É verdade que o perfil dos conflitos modificou-se, sendo as "novas guerras" sobretudo focadas em eventos circunscritos nas fronteiras dos Estados: conflitos intraestatais (Kaldor, 2007). Mas mesmo os conflitos entre Estados não foram extirpados das disputas de poder nas RI – a Guerra da Ucrânia evidencia essa constatação. Estima-se que mais de 230 mil tenham morrido decorrentes de conflitos só no ano de 2022.

Enquanto novos conflitos internos e externos surgem, derivados dos mais variados fatores (lutas por independência, golpes de

Estado, ações de grupos extremistas, para mencionar alguns), outros continuam sem solução. As grandes potências, principalmente os membros do Conselho de Segurança da ONU, têm demonstrado um desempenho subótimo – para dizer o mínimo – nessa seara. Por outro lado, atores do Sul Global vêm procurando ter maior protagonismo na gestão de crises, um engajamento que não busca ser restrito a suas áreas geográficas.

Ao longo das últimas décadas, o Brasil procurou se cacifar como um dos atores relevantes do Sul Global dentro da gestão de crises internacionais, sobretudo durante os dois primeiros governos de Luiz Inácio Lula da Silva. Essa estratégia mais definida representou tanto um interesse mais amplo de elevar o prestígio internacional do país como uma busca por reforçar o pleito brasileiro por um assento permanente do Conselho de Segurança. Após um desengajamento desde as crises do governo de Dilma Rousseff ao governo de Jair Bolsonaro, Lula iniciou seu terceiro mandato sinalizando que procuraria retomar a gestão de crises como parte da estratégia de inserção internacional do Brasil. Trata-se de uma clara tentativa de renovar o país como *player* protagonista a partir do Sul.

Este capítulo discute brevemente essa estratégia de renovação do engajamento brasileiro na gestão de crises internacionais, sobretudo no caso de conflitos, bem como procura refletir sobre suas implicações na busca do Brasil por um assento permanente no Conselho de Segurança. Contudo, antes de tratar do caso brasileiro especificamente, o texto irá situar o leitor no que tange à gestão de conflitos internacionais e o papel dos Estados do Sul Global.

SUL GLOBAL, GESTÃO DE CRISES E BUSCA POR STATUS INTERNACIONAL

Atores externos têm uma série de opções para se envolver em conflitos internacionais a fim de forjar a paz. A categorização mais comum de opções envolve cinco tipos: negociação, mediação, abordagens jurídicas, sanções, operações de paz e intervenções militares. Uma ordem que vai dos meios mais consensuais aos mais coercitivos. Essas medidas são referidas na literatura como ferramentas de gestão de conflitos (*Conflict Management Tools*, ou CMTs) (Greig; Owsiak; Diehl, 2019). A gestão de conflitos procura sobretudo: 1) restringir a violência em situações de crise, diminuindo os níveis de violência a patamares predefinidos, 2) limitar o alcance geográfico do conflito, para que não se espalhe para outras zonas e 3) restringir o número relativo de participantes. Diferentemente da ideia de paz positiva, que procura entrar nas raízes do conflito, as CMTs estão mais voltadas a questões imediatas, à chamada paz negativa (Greig; Owsiak; Diehl, 2019). As CMTs são os remédios imediatos para conter uma situação que esteja escalando em níveis de violência. Embora não sejam garantidoras de uma paz positiva, o sucesso do uso dessas ferramentas promove estabilização, condição *sine qua non* para lançar as bases de uma paz positiva.

As CMTs são marcadas pelo envolvimento de terceiras partes como *stakeholders* em processos de paz e estabilização. Apesar de o envolvimento de atores externos, por vezes, não garantir o estabelecimento das bases para a paz, o engajamento correto desses pode ser determinante. A literatura acadêmica vem buscando investir na compreensão de como esses mecanismos podem ser usados, inclusive com periódicos exclusivos centrando-se no assunto (por exemplo, *Conflict Management and Peace Science Journal*).

A literatura especializada sobre o assunto trouxe achados importantes sobre o envolvimento de terceiros. Por exemplo, em termos de mediação, tem-se visto que o engajamento prévio tende a fazer com que os atores externos que se envolveram anteriormente voltem a investir na gestão do reescalonamento de uma crise (Greig; Owsiak; Diehl, 2019).

Em conflitos com alta relevância política para as grandes potências, esses Estados terminam dominando a agenda e provimento de CMTs. Por outro lado, há um crescente uso de alguns desses mecanismos por Estados do Sul Global. Em conflitos regionais, mais especificamente naqueles em que os interesses nacionais estão ameaçados, as potências do Sul Global frequentemente investem no uso dessas ferramentas (Parlar Dal, 2018).

Por vezes, essas potências do Sul procuram uma interação dupla: a busca de soluções diretas bilateralmente e a articulação em arranjos multilaterais. O Processo de Astana, no qual a Turquia buscou se envolver em discussões sobre paz com a Síria por meio de um mecanismo que envolveria tanto atores regionais (Irã) como potências globais (China), é um bom exemplo disso (Parlar Dal, 2018, p. 2212).

Um destaque do protagonismo do Sul Global no fornecimento de CMTs são as operações de paz. Nas últimas décadas houve um aumento significativo do envolvimento desses Estados, que passaram a dominar a contribuição de tropas para as missões. Esse desenvolvimento pode ser atribuído, em certa medida, ao entendimento crescente, por parte desses Estados, de que há importantes benefícios políticos, diplomáticos e econômicos em sua participação ativa (Williams; Bellamy, 2021). Além disso, o aumento das contribuições de tropas desses países está frequentemente ligado à sua busca de legitimidade internacional e ao fortalecimento de seu prestígio.

O envolvimento de Estados do Sul Global tem razões múltiplas. Uma delas é a própria segurança do país, já que a atuação como terceiro mediador geralmente ocorre em regiões dos próprios países, sendo frequentes os casos em que as fronteiras se comunicam. Questões de segurança – como fluxo de refugiados e de dissidentes armados – geralmente pautam o interesse imediato. Mas, como já apontado sobre o caso de operações de paz, pode haver alguns ganhos menos diretos. Um deles, que a literatura vem apontando, é com relação ao próprio status desses países (Parlar Dal, 2018).

Os países que procuram status querem adquirir igualdade (ou aproximação) simbólica em relação ao clube seleto das grandes potências. Entre outros fatores, fazer parte desse clube permite que os Estados beneficiários tenham papéis mais significativos em questões relevantes da política internacional, uma vez que "os privilégios das grandes potências são essencialmente privilégios de regulamentação" (Mukherjee, 2022, p. 47).

Nessa busca por status, capacidades materiais são elementos importantes. Frequentemente, status elevado e capacidades materiais se correlacionam. Contudo, excedentes de poder não são a única fonte de status (Mukherjee, 2022, p. 37), atributos valorativos relacionados ao status também podem ser independentes desses elementos materiais. No que diz respeito à gestão de conflitos, os países sem poder material expressivo ainda podem aspirar a alcançar um elevado prestígio como pacificadores e ter sucesso nesse intento. Na literatura teórica sobre essa busca, ser um provedor em gestão de conflitos pode ser uma estratégia crucial dentro de uma caixa de ferramentas mais ampla. Por exemplo, a Noruega obteve benefícios significativos quando emergiu como um mediador proeminente em conflitos internacionais na sequência dos Acordos de Oslo (De Carvalho; Neumann, 2014). Entre as potências médias do Sul Global, a Turquia parece destacar-se nesse aspecto (Mehmetcik; Belder, 2021).

Assim como outros Estados do Sul Global, o Brasil também passou a buscar maior engajamento em gestão de crises e conflitos internacionais como forma de potencializar sua imagem no exterior. Dentre os países do Sul Global, o Brasil tem um histórico importante de envolvimento em CMTs. O país é um exemplo de contribuidor frequente em operações de paz, inclusive liderando por mais de dez anos a missão de paz no Haiti. Em termos de mediação, a literatura sobre política externa brasileira demonstra que o país se envolveu em importantes processos de paz em momentos específicos na sua história (Cervo; Bueno, 2011). Mesmo que o Brasil não tenha uma capacidade militar expressiva em comparação com as potências ocidentais, ele busca construir credenciais na agenda internacional de paz e segurança. A tentativa de mediar conflitos, contribuir com operações de paz e fornecer ajuda humanitária são elementos essenciais da ambição da política externa brasileira (Kenkel; De Souza Neto; Ribeiro, 2019).

Nas próximas seções, o capítulo discute, primeiro, esse engajamento como estratégias usadas sobretudo a partir dos governos Lula para, em seguida, refletir brevemente sobre as novas investidas no início do terceiro mandato do atual presidente. O capítulo termina com algumas reflexões pontuais como desdobramentos dos acontecimentos nesse início de terceiro mandato.

OS DOIS GOVERNOS LULA E OS GOVERNOS SUBSEQUENTES

Desde a redemocratização, o Brasil passou a se envolver na gestão de crises e conflitos internacionais, com um foco particular na América

Latina. Isso pode ser visto já na década de 1980, com a participação, primeiro, no Grupo de Apoio à Contadora e, posteriormente, o Grupo do Rio. Nos anos 1990, novamente governos brasileiros procuraram ter certo protagonismo, com destaque para a atuação na crise do Cenepa.

A busca por ser um mediador em crises internacionais está diretamente relacionada com a identidade pacifista, cuidadosamente construída ao longo de todo o século passado pela diplomacia brasileira (Lafer, 2000). Os traços dessa identidade foram inseridos na própria Constituição de 1988. O artigo 4º da Constituição Federal estabelece em seu rol de princípios que devem reger as relações Internacionais do Brasil a defesa da paz (vi) e a solução pacífica de conflitos (vii).

Esses dispositivos foram inseridos a partir do próprio empenho do Itamaraty, como já demonstrou a literatura (Lopes; Valente, 2016). Portanto, a busca por maior protagonismo em mediação de conflitos tem como condição permissiva a própria burocracia do Ministério das Relações Exteriores. Contudo, outro elemento teve papel fundamental para a busca mais recente em prol de um engajamento maior: a diplomacia presidencial.

Nos dois primeiros mandatos do presidente Lula, o empenho brasileiro em gestão de conflitos e crises atingiu outro nível. Passou-se a uma estratégia bem clara de correlacionar uma proatividade em assuntos de segurança, com o objetivo de aumentar o status internacional do país. Lula encontrou no seu ministro das Relações Exteriores, Celso Amorim, a parceria ideal para isso. Ou, o mais provável, Amorim tenha visto em Lula a oportunidade perfeita para sua visão específica de maior protagonismo brasileiro na política internacional, já que, em experiência anterior como ministro nas Relações Exteriores, durante o governo Itamar Franco, Amorim teve peso determinante para inserir definitivamente o pleito do Brasil na agenda pós-Guerra Fria do país, como o próprio ex-ministro e agora assessor especial da Presidência afirmou (Fontoura; Moraes; Uziel, 2015, p. 303).

Duas personalidades específicas, com uma convergência de pensamento singular, encontram-se no lugar certo e na hora certa, já que a primeira década dos anos 2000 foi marcada pelo boom das commodities e por toda a discussão sobre a emergência de Estados do Sul Global – a ascensão do resto (Zakaria, 2011). Alguns autores de relações internacionais tendem a desprezar o primeiro nível de análise (o nível do indivíduo) como fator explicativo para o comportamento externo dos Estados (Mearsheimer, 2014). Nesse caso, contudo, essa confluência não pode ser desprezada. A combinação de indivíduos nos principais cargos que determinam a política externa do Brasil foi essencial para uma nova postura externa do Brasil.

Os dois primeiros mandatos do presidente Lula foram marcados por uma busca de elevação do status brasileiro por diversos meios, dentre eles a estratégia de estabelecimento do Brasil como gestor de crises internacionais a partir do Sul Global. Dois exemplos, inclusive por resultados diversos, são ilustrativos nesse sentido: a participação na Minustah e a tentativa de um acordo nuclear entre o Irã e o Ocidente.

No primeiro caso, o Brasil liderou a missão de paz no Haiti por 13 anos (2004-2017). O saldo da participação brasileira é visto como positivo pela própria diplomacia. Na operação, o país procurou se diferenciar dos Estados do Norte, evitando, por exemplo, já de início fundamentar a missão no capítulo VII da Carta – que autoriza o uso da força. Diplomatas brasileiros procuraram direcionar a missão para uma abordagem menos coercitiva e mais humanitária. Mesmo após o uso da força ser autorizado, com a escalada do conflito, a diplomacia brasileira continuou procurando diferenciar a liderança brasileira da dos países do Norte (Harig; Kenkel, 2017).

No geral, a participação brasileira no Haiti foi vista como diplomaticamente positiva para a imagem internacional do país. Celso Amorim, então ministro das Relações Exteriores, deixou isso claro ao afirmar, na época, que "não há precedentes na história da ONU de um país que tenha ficado tanto tempo à frente de uma mesma operação de paz" (Portari; Garcia, 2010). Ao engajar-se na Minustah, a diplomacia brasileira buscou enfatizar que a abordagem do país era diferente, utilizando conceitos que emergiram do Sul Global, notadamente a ideia de não indiferença: "a nossa postura de não indiferença em relação aos destinos do Haiti permanece firme", afirmou também Amorim, na época (Portari; Garcia, 2010).

Por outro lado, o governo Lula também buscou costurar um acordo com o Irã e o Ocidente para resolver o impasse sobre o programa nuclear daquele país. O resultado desse acordo foi a Declaração de Teerã, comprometimento político alcançado por Brasil e Turquia junto aos iranianos. Nesse caso, contudo, o resultado foi diverso. As grandes potências rejeitaram o acordo final, culminando com um saldo diplomático negativo para o país (Buarque, 2023).

A estratégia de maior engajamento na gestão de crises e conflitos perdeu força com as crises que desaguaram no impeachment da ex-presidente Dilma Rousseff. A turbulência política posterior no governo Temer reforçou o desengajamento brasileiro. No final do seu mandato, por exemplo, o país recusou o pedido da ONU para envio de tropas para a operação na República Centro Africana (Minusca) e teve engajamento apenas paliativo na crise de migrantes vindos da Venezuela (Uziel; Marcondes, 2021).

O governo Bolsonaro reforçou esse desengajamento. Bolsonaro adotou, nos primeiros anos de governo, uma postura confrontacionista frente a instituições internacionais, emulando o governo de Donald Trump. O alinhamento automático com o governo Trump, por exemplo, fez com que o país chegasse a sugerir mudar a embaixada de Tel Aviv para Jerusalém, o que seria uma guinada radical da postura diplomática brasileira frente ao conflito Israel x Palestina. No final, Bolsonaro desistiu da mudança, estabelecendo apenas um escritório comercial na referida cidade.

Em termos de conflitos, durante o governo Bolsonaro, o Brasil continuou adotando uma política de desengajamento. No âmbito regional, o país deixou de ser um *stakeholder* importante no processo de paz da Colômbia e assumiu uma postura de ainda maior confronto em relação à Venezuela. Em termos de multilateralismo, o Estado continuou evitando o envio de novos contingentes para operações de paz, porém, é interessante pontuar que foi no último ano do governo Bolsonaro que o Brasil retornou ao Conselho de Segurança da ONU como membro rotativo depois de dez anos de ausência. Com essa volta, a diplomacia brasileira procurou ter maior protagonismo em assuntos pontuais, como a crise no Haiti.

O evento de maior repercussão foi a Guerra da Ucrânia, que se iniciou no último ano de mandato. O então presidente, de início, adotou uma postura de neutralidade, viajando, inclusive, para a Rússia, nas vésperas do conflito. Posteriormente, contudo, Bolsonaro tentou cacifar o Brasil como um possível mediador ao afirmar que "seguramente o Brasil, pela posição que tem de serenidade, de construção de consenso nas Nações Unidas, pode ser sim um facilitador desse diálogo" (Duran, 2022). No entanto, não houve uma política clara nesse sentido. Mais do que isso, o então presidente chegou a mencionar que era solidário com a Rússia (Soares, 2022a).

Diferentemente de Bolsonaro, Lula, ainda como presidente eleito, tomou uma postura muito mais determinada em relação ao conflito na Ucrânia, buscando posicionar o Brasil como possível mediador, postura que tentou fortalecer no início da terceira gestão. O contraste entre Lula e Bolsonaro é um indicativo de retorno a uma estratégia de inserção internacional que deve perpassar também a política internacional de segurança, como esse primeiro ano já sugere. Os desdobramentos no caso da Ucrânia, contudo, sugerem que a volta do Brasil à agenda de *high politics* significa o retorno do bônus, mas também do ônus, como as respostas às iniciativas de Lula passaram a salientar.

LULA 3.0

Durante sua campanha eleitoral, ao se referir sobre a Guerra da Ucrânia, Lula afirmou que era "lamentável que na segunda década do século 21 a gente tenha países tentando resolver suas divergências, sejam territoriais, políticas ou comerciais por meio de bombas" (Soares, 2022b). Em janeiro de 2023, assim que tomou posse, Lula propôs a formação de um grupo de países pela paz: "[o] que é preciso é constituir um grupo com força suficiente para ser respeitado numa mesa de negociação. E sentar com os dois lados" (Vilela, 2023).

O presidente, no entanto, passou a oscilar entre posicionamentos que sugeriam neutralidade e outros que tendiam a ser vistos como mais condescendentes com a Rússia, indicando uma suposta responsabilidade compartilhada entre russos e ucranianos pelo conflito. Esse tipo de fala teve forte repercussão negativa no mundo ocidental, fazendo com que, por vezes, o presidente tivesse de reajustar os posicionamentos (Schroeder, 2023).

Como *stakeholder* em disputas internacionais, o Brasil tenta, sempre que possível, compatibilizar sua posição de Estado do Sul Global com sua identidade com o Ocidente. Lula é particularmente adepto dessa estratégia da diplomacia brasileira, que tem sua gênese – ao menos estrutural – a partir da Política Externa Independente, da década de 1960. Essa postura, contudo, nem sempre é factível e, por vezes, não gera os resultados positivos esperados, como no caso da Ucrânia.

De toda forma, para responder à pergunta do livro, focando aqui assuntos de segurança internacional, o Brasil, de fato, voltou com suas pretensões de provedor na gestão de crises internacionais – pretensões que marcaram os dois primeiros mandatos do presidente Lula. Claramente, o novo governo procura renovar a busca brasileira por status internacional alavancando sua posição de gestor. Como o próprio Lula chegou a afirmar, ainda em dezembro de 2022, o "Brasil voltou, buscando o diálogo com todos e empenhado na busca de um mundo sem fome e com paz" (Xavier, 2022).

Essa volta perpassa necessariamente não só o retorno de Lula, mas do próprio Celso Amorim, que mesmo com cargo fora do Itamaraty, de assessor especial, parece novamente ator central no direcionamento da política externa brasileira. Como já mencionado, é um pleito que tem ampla identidade com a burocracia do Itamaraty e está igualmente inserido em uma estratégia das Forças Armadas, surgindo como metas tanto na Política Nacional de Defesa como na Estratégia Nacional de Defesa.

DE VOLTA PARA O FUTURO

A partir dessas constatações gerais acerca da renovada busca por se cacifar como gestor em crises e conflitos internacionais, alguns elementos podem ser desdobrados. Finalizo o texto com algumas dessas reflexões.

Primeiro, a referida busca por maior relevância na gestão de conflitos está, necessariamente, associada com o intento de se tornar membro permanente do Conselho de Segurança. Ainda na campanha, falando do conflito, Lula chegou a afirmar que a guerra "poderia ter sido resolvida, se a ONU tivesse mais representatividade" (Soares, 2022a). Essa parece se tornar novamente uma das agendas centrais do Brasil na política internacional do governo Lula 3.0. Mas se, de fato, essa for a tônica, o Brasil precisa estabelecer essa prioridade como mantra, e inseri-la em uma política de Estado claramente definida, que transcenda os governos.

Segundo, o retorno ao pleito de ator-chave na gestão de segurança internacional implica também o reavivamento de velhas restrições. A resistência das grandes potências em aceitar o Brasil como um *player* no grupo seleto de atores que gerem a política internacional em matéria de segurança é patente. Como apontado por Hedley Bull (2002), a gestão de assuntos de segurança é para poucos. É necessário, portanto, ser reconhecido como um ator capaz de ser gestor pelos pares com capacidade para tanto. É algo relacional, a pressão do pleiteante é importante, porém, ele não pode forçar sua entrada, ela precisa ser aquiescida. Isso pode ser conseguido tanto pela aceitação do grupo seleto das grandes potências como quando grupos de Estados veem o país como um legítimo representante – no caso do Brasil, seriam os setores do Sul Global, notadamente a América Latina. Mas apenas a vontade do Estado não é suficiente.

Vale lembrar que a posição do Brasil como gestor dos assuntos de segurança, e, mais ainda, como membro permanente do Conselho, não é consenso sequer no mundo não ocidental, já que a China, por exemplo, evita dar apoio explícito ao Brasil, no último caso. É algo que precisa ser mais bem equacionado. Um G-4[5] renovado, ou outro arranjo do tipo, precisa ser cuidadosamente articulado, para evitar as frustrações de 2004. Com o novo governo, o que há são novas oportunidades, dada a própria imagem que o presidente tem – e que a usa muito bem como ferramenta para elevar o status do país. Mas há também limitações sistêmicas, advindas das próprias potências ocidentais.

O Brasil é, sim, um país incontornável na política internacional, sobretudo em matéria de meio ambiente, multilateralismo comercial e questões sociais. Porém, para se tornar um *player* central também nas principais agendas de segurança, o país provavelmente tenha de conseguir primeiro o seu *breakthrough* – como os noruegueses nos Acordos de Oslo conseguiram. Uma forma mais factível, uma estratégia mais viável, para se alcançar esse *breakthrough* talvez deva ser olhar menos para os teatros quentes da política internacional e mais para onde outros não estão olhando. É certo que o Brasil volta, também, a reinvestir nesses cenários menos aquecidos, como a Colômbia e as discussões de eleições na Venezuela. Porém, talvez não atribua a prioridade que deveria atribuir. Claro que isso tem implicações, que seria validar a posição de potências ocidentais de que o país só teria relevância na sua região. Por outro lado, dar atenção à região não é algo exclusivo de países menores, todas as grandes potências têm como interesse central o seu entorno. Por que para o Brasil seria diferente?

Além disso, há outras regiões de interesse que enfrentam graves crises, mas que parecem não estar recebendo a mesma atenção do Brasil. É o caso da crise dos movimentos jihadistas em Moçambique. Certamente, o Brasil se beneficiaria bastante ao dar mais atenção aos

---

5. Grupo de quatro países que pretendem fazer parte do Conselho de Segurança, em uma eventual reforma. Além do Brasil, fazem parte também Alemanha, Japão e Índia.

parceiros da CPLP – que, por sinal, unanimemente apoiam o pleito brasileiro como membro permanente do Conselho de Segurança.

O fato é que centrar as energias nos principais cenários internacionais pode ser uma faca de dois gumes. O mundo precisa de atores como o Brasil, mas o país precisa ser estratégico na forma como irá alçar sua imagem no teatro internacional, para que possa, efetivamente, cumprir todo seu potencial diplomático ao se envolver em ações para oferecer esse bem público global que é a gestão de conflitos.

REFERÊNCIAS

BUARQUE, D. What Makes a Serious Country? The Status of Brazil's Seriousness from the Perspective of Great Powers. *Place Branding and Public Diplomacy*, v. 19, n. 3, p. 359-370, set. 2023.

BULL, H. *A sociedade anárquica*: um estudo da ordem política mundial. Brasília: Editora UnB, 2002.

CERVO, A. L.; BUENO, C. *História da política exterior do Brasil*. 4. ed. revista e ampliada. Brasília: Editora UnB, 2011.

DE CARVALHO, B.; NEUMANN, I. B. (ed.). *Small States and Status Seeking*: Norway's Quest for International Standing. [S.l.]: Routledge, 2014.

DURAN, P. Brasil pode ser mediador do diálogo para fim da Guerra, diz Carlos França à CNN. *CNN Brasil*, 25 mar. 2022. Disponível em: https://www.cnnbrasil.com.br/internacional/brasil-pode-ser-mediador-do-dialogo-para-fim-da-guerra-diz-carlos-franca-a-cnn/. Acesso em: 26 jan. 2024.

FONTOURA, P. R. C. T. da; MORAES, M. L. E. de; UZIEL, E. (ed.). *O Brasil e as Nações Unidas*: 70 anos. Brasília: Fundação Alexandre de Gusmão, 2015.

FUKUYAMA, F. *The End of History and the Last Man*. Nova York; Toronto: Free Press; Maxwell Macmillan Canada; Maxwell Macmillan International, 1992.

GREIG, J. M.; OWSIAK, A. P.; DIEHL, P. F. *International Conflict Management*. Cambridge, UK; Medford, MA: Polity, 2019.

HARIG, C.; KENKEL, K. M. Are Rising Powers Consistent or Ambiguous Foreign Policy Actors? Brazil, Humanitarian Intervention and the "Graduation Dilemma". *International Affairs*, v. 93, n. 3, p. 625-641, maio 2017.

KALDOR, M. *Human Security*: Reflections on Globalization and Intervention. Cambridge, UK; Malden, MA: Polity, 2007.

KENKEL, K. M.; DE SOUZA NETO, D. M.; RIBEIRO, M. M. L. A. Peace Operations, Intervention and Brazilian Foreign Policy: Key Issues and Debates. *In*: ESTEVES, P.; JUMBERT, M. G.; CARVALHO, B. (ed.). *Status and the Rise of Brazil*: Global Ambitions, Humanitarian Engagement and International Challenges. Londres: Palgrave MacMillan, 2019. p. 133-151.

LAFER, C. Brazilian International Identity and Foreign Policy: Past, Present, and Future. *Daedalus*, v. 129, n. 2, p. 207-238, 2000.

LOPES, D. B.; VALENTE, M. S. A construção social dos princípios conformadores e das normas programáticas de política externa brasileira na Constituição Federal de 1988. *Dados*, v. 59, n. 4, p. 995-1054, out. 2016.

MEARSHEIMER, J. J. *The Tragedy of Great Power Politics*. Ed. atualizada. Nova York: W.W. Norton & Company, 2014.

MEHMETCIK, H.; BELDER, F. The Past as a Benchmark in Defining Turkey's Status Politics. *Contemporary Review of the Middle East*, v. 8, n. 2, p. 168-192, jun. 2021.

MUKHERJEE, R. *Ascending Order*: Rising Powers and the Politics of Status in International Relations. Cambridge, UK; Nova York: Cambridge University Press, 2022.

PARLAR DAL, E. Rising Powers in International Conflict Management: an Introduction. *Third World Quarterly*, v. 39, n. 12, p. 2207-2221, 2 dez. 2018.

PORTARI, D.; GARCIA, J. C. Entrevista – Celso Amorim. *Desafios do desenvolvimento – Ipea*, ano 7, ed. 61, 13 jul. 2010. Disponível em: https://www.ipea.gov.br/desafios/index.php?option=com_content&id=25:entrevista-celso-amorim. Acesso em: 26 jan. 2024.

SOARES, I. Bolsonaro a Putin em encontro: "Somos solidários à Rússia". *Correio Brasiliense*, 16 fev. 2022a. Disponível em: https://www.correiobraziliense.com.br/politica/2022/02/4985728-bolsonaro-a-putin-em-encontro-somos-solidarios-a-russia.html. Acesso em: 26 jan. 2024.

SOARES, I. Lula repudia ataque russo e ironiza encontro de Bolsonaro com Putin. *Correio Brasiliense*, 24 fev. 2022b. Disponível em: https://www.correiobraziliense.com.br/politica/2022/02/4988004-lula-repudia-ataque-russo-e-ironiza-encontro-de-bolsonaro-com-putin.html. Acesso em: 26 jan. 2024.

SCHROEDER, L. Especialistas apontam "correção de rumo" do Brasil após declarações de Lula sobre guerra na Ucrânia. *CNN Brasil*, 29 abr. 2023. Disponível em: https://www.cnnbrasil.com.br/internacional/especialistas-apontam-correcao-de-rumo-do-brasil-apos-declaracoes-de-lula-sobre-guerra-na-ucrania/. Acesso em: 26 jan. 2024.

UZIEL, E.; MARCONDES, D. The Peacekeeping Deployment that Never Was: Domestic Considerations Behind Brazil's Decision Not to Send Troops to MINUSCA. *International Peacekeeping*, v. 28, n. 5, p. 757-782, 20 out. 2021.

VILELA, P. R. Lula propõe grupo para mediar paz entre Rússia e Ucrânia. *Agência Brasil*, 30 jan. 2023. Disponível em: https://agenciabrasil.ebc.com.br/internacional/noticia/2023-01/lula-propoe-grupo-para-mediar-paz-entre-russia-e-ucrania. Acesso em: 26 jan. 2024.

XAVIER, G. Lula anuncia conversa com Putin: "O Brasil voltou empenhado na busca de um mundo com paz". *Carta Capital*, 20 dez. 2022. Disponível em: https://www.cartacapital.com.br/cartaexpressa/lula-anuncia-conversa-com-putin-o-brasil-voltou-empenhado-na-busca-de-um-mundo-com-paz/. Acesso em: 26 jan. 2024.

ZAKARIA, F. *The Post-American World*: Release 2.0. Ed. atualizada e expandida. Londres: Penguin Books, 2011.

Brics ampliado: Novo impulso para uma velha agenda e o papel-chave do Brasil

Rafael R. Ioris

A maioria dos brasileiros respirou aliviada quando, após uma mobilização histórica em defesa dos valores e procedimentos democráticos, Bolsonaro foi derrotado nas urnas em outubro de 2022. Embora a tese golpista tenha conquistado adeptos dispostos a aventuras como a de 8 de janeiro de 2023, o que se vê é que o Brasil retomou seu curso histórico de uma nação que preza de maneira crescente pela democracia e pelo multilateralismo, sob a liderança de um líder com grande peso e respeito ao redor do mundo. Ainda que Lula tenha começado a reconstruir a imagem do país, como ator essencial para negociações e planos de redução da crise ligada ao aquecimento global, como defensor de pautas ligadas aos temas da inclusão econômica e social e como economia emergente e de grande peso diplomático junto aos países do Sul Global; é certo que o Brasil tem muito a resolver no ambiente doméstico para que consiga efetivar a promessa de uma ascensão continuada e consistente no cenário internacional.

Assim, tentando novamente alinhar a política doméstica a iniciativas no cenário internacional, desde que reassumiu o cargo o presidente brasileiro tem buscado reviver sua política externa "ativa e altiva" que tantos frutos rendeu no início do século (Marin, 2022). Reproduzir as grandes conquistas do Brasil de 20 anos será, contudo, muito mais difícil no mundo desafiador e em profunda mudança dos dias de hoje (Ioris, 2023a). Lula tem buscado equilibrar viagens junto a parceiros tradicionais ao mesmo tempo que tem buscado reavivar antigos projetos ligados à chamada agenda do Sul. Em seu primeiro mês no cargo, ele participou de uma reunião da Comunidade de Nações da América Latina e Caribe (Celac), (Weeks, 2023), na Argentina, onde manifestou o desejo de fortalecer as relações do Brasil na região. Logo depois, Lula visitou o presidente Joe Biden em Washington, onde os dois líderes expressaram seu desejo mútuo de promover a democracia e pressionar por um caminho de desenvolvimento ambientalmente mais saudável, particularmente na região amazônica (Ioris, 2023b); e, em seguida, fez uma ambiciosa visita à China a fim de aprofundar as relações comerciais e tentar liderar um esforço de paz para a guerra na Ucrânia (Arias, 2023). Tais esforços assumiram ainda maior relevância e magnitude em meados do seu primeiro ano de volta ao cargo.

De fato, após muita especulação em torno de um suposto baixo prospecto de atuação em comum, o encontro dos Brics em Joanesburgo, na África do Sul, no final de agosto de 2023, surpreendeu a todos após ter produzido uma mudança histórica na dinâmica do próprio grupo (Bergeles, 2023). E, embora tudo indique que não tenha sido uma negociação fácil, caso todos os países aceitem efetivamente o convite para fazerem parte do bloco, a partir de 1º de janeiro de 2024, os Brics terão 10 países membros, que somados representam cerca de quase metade da população mundial, detendo também um terço do PIB global e representando países espalhados em distintas partes do globo (Ndzenze, 2023).

Muito tem sido dito sobre as dificuldades que um grupo tão díspar de países terá para seguir adiante na promoção de uma agenda comum (Karadjis, 2023). Lembremos, contudo, que os Brics nunca representaram, e certamente jamais se constituíram como, uma aliança ou união aduaneira formal – para citar dois dos principais formatos tradicionais de agrupamentos regionais de países. De maneira concreta, caberia também lembrar que o termo BRIC(S) surgiu como uma sigla para se referir a um agrupamento de países (Brasil, Rússia, Índia e China) que, apesar de grandes diferenças entre si, apresentavam, no início dos anos 2000 boas oportunidades de investimento para os detentores de capital do centro do capitalismo global[6]. Ou seja, ironicamente a expressão que hoje reflete uma coalizão de países crescentemente críticos à ordem geopolítica e econômica liberal estabelecida no pós-guerra – que tem estado crescentemente em xeque mas que, não obstante, ainda pauta, em grande medida, o curso da globalização neoliberal dos últimos anos – foi cunhada como instrumento que refletia a lógica mercadológica de um mundo liderado pelo G7 (países capitalistas mais ricos do mundo).

Interessantemente, ao longo dos últimos 15 anos, os países referenciados pela sigla passaram a se valer da mesma lógica não para corroborar a intenção original da expressão, ou seja, garantir a atratividade de seus mercados para o benefício do grande investidor inter-

---

6. De acordo com Library of Congress Research Guide (https://guides.loc.gov/brics/introduction).

nacional, mas sim utilizando-a como forma de buscar articular uma melhor inserção conjunta dentro da economia e ordem política mundiais, crescentemente, inclusive, questionando-a de maneira crítica e sistemática. Tal processo foi no início bastante lento, mas acelerou-se de maneira significativa nos últimos tempos, refletindo claramente novas dinâmicas nas relações internacionais do mundo de hoje.

De maneira concreta, o primeiro encontro do grupo ocorreu em Ecaterimburgo, na Rússia, em 2009, quando ocorreram conversas iniciais sobre a necessidade de diversificar o uso de moedas em transações comuns. A entrada da África do Sul, em 2011, provocou a ampliação na própria sigla, que passou a ser, por fim, Brics. E, após o último encontro em Johanesburgo, com a decisão de ampliação do grupo, ficou evidente se tratar de um conjunto de países disposto a se tornar cada vez mais relevante no cenário internacional, inclusive por meio do aprofundamento da promoção de novos arranjos econômicos e políticos que possam representar de maneira mais efetiva as mudanças no peso de atores específicos fora do eixo do Atlântico Norte, assim como as novas dinâmicas econômicas e geopolíticas em curso.

Aventou-se que a decisão da ampliação no número de membros teria derivado e beneficiado quase que exclusivamente a China, o grande rival em ascensão contra a ordem de poder liderada pelos EUA (Gan, 2023). Outros ainda apontaram que a expansão do grupo apresentaria novos desafios específicos à atuação internacional do Brasil dentro e fora dele (Stuenkel, 2023). Tais visões têm procedência e, de fato, não surpreendem, uma vez que, ao longo da última década, quando da consolidação do grupo, o peso da China na economia e geopolítica mundial aumentaram em níveis históricos, ao passo que a relevância do Brasil, especialmente entre 2015 e 2021, diminuiu de maneira vergonhosa. No mesmo sentido, caberia lembrar que uma maior representatividade do Sul Global poderia vir a ser efetivada caso países como Indonésia, Malásia, Nigéria, Senegal, México, Colômbia, entre outros, fossem também incluídos no grupo.

Ainda assim parece certo que, independentemente de quem a ampliação dos Brics beneficie, em maior ou em menor grau o encontro histórico dos Brics em Johanesburgo tornou ainda mais evidente a urgência de um reordenamento na dita ordem mundial – de fato, cada dia mais fora de ordem. As democracias liberais ocidentais parecem enfrentar hoje uma das suas maiores crises desde, pelo menos, os anos 1960. O autoritarismo que as lideranças de tais países corretamente criticam em vários membros dos Brics parece tornar-se moeda corrente de líderes que cada dia mais se viabilizam como futuros chefes de governo, como Trump e Le Pen (para não citar Meloni e Orban). E não será, pois, pela partilha de acusações mútuas entre lideranças do G7 e dos Brics acerca de que lado seria mais contraditório em suas proposições e práticas que novos arranjos, tão necessários, poderão vir a ser efetivados.

O que de fato parece imprescindível é a expansão da agenda e a ampliação de espaços formais de deliberação, em que vozes ampliadas e diversas possam ser levadas efetivamente em consideração no processo de tomada de decisão de temas que impactam a comunidade global como um todo. Esses incluem questões há muito em pauta, como comércio e fluxos financeiros internacionais, mas é necessário cada vez mais incluir também temas sempre relegados a segundo ou terceiro planos, como os ligados ao problema da crescente desigualdade dentro e entre países, assim como a questão da fome, das migrações etc. E o que se vê é que, apesar de todas as mudanças no processo de integração econômica (em matrizes neoliberais) ao longo dos últimos 50 anos, a demanda por uma Nova Ordem Econômica Internacional (Noei) mais inclusiva – certamente ampliada ainda mais de modo a incluir também os desafios e a crescente exclusão provocada por razões ambientais –, tão em voga nas décadas de 1960 e 1970, parece ecoar de maneira cada vez mais alta nos dias de hoje, embora isso certamente se dê dentro de novos parâmetros e de um contexto geopolítico significativamente distinto.

Lembremos que foi ao longo dos anos 1960, a chamada Década do Desenvolvimento pela ONU –quando presenciamos a consolidação do processo da descolonização iniciado no final dos anos 1940, fenômeno que reorganizou de maneira histórica os parâmetros do sistema multilateral (Jackson, s.d.) –, que vimos a explosão de novas pautas políticas, econômicas e simbólicas que forçavam os limites e o funcionamento da democracia liberal, bem como debates ocorrendo nas esferas internacionais. Se foi então que estudantes, minorias raciais, mulheres, jovens e trabalhadores tomaram a ruas de Paris, Dacar, Rio de Janeiro e Cidade do México, e diplomatas não ocidentais passavam a ocupar cadeiras na Assembleia Geral das Nações Unidas, o processo se fundava em questionamentos mais estruturais sobre o próprio funcionamento excludente da economia capitalista global. E, se na América Latina tais questionamentos, em geral, ficaram mais restritos ao nível doméstico no que tange à busca pela reorganização de suas economias em bases industriais, na Ásia e África, de maneira especial, tais esforços se alinharam de maneira mais coordenada em ações coletivas transnacionais que tiveram em Bandung, em 1955, e em Belgrado, em 1961, marcos importantes na busca por arranjos multilaterais mais inclusivos e representativos dos interesses de populações mais amplas e diversas (Brener, 1987).

Como a história nunca se repete da mesma forma, não se trata aqui de dizer que os Brics sejam a culminação linear de um projeto de longa gestação. A agenda por uma Noei teve, de um ponto de vista formal, seu apogeu no início dos anos 1970. Foi abandonada já no final da própria década, ou no início dos anos 1980, quando países do Sul passaram a enfrentar dificuldades econômicas profundas que favoreceram a busca por "soluções" individuais para negociar seus endividamentos crescentes. Da mesma forma, o centro capitalista mundial, liderado pelos EUA, conseguiu, após o fiasco no Vietnã, marginalizar a temática do desenvolvimento da pauta das agências multilaterais, ao passo em que o reaganismo liderou o processo de financeirização da economia mundial e assumiu uma postura mais confrontacionista frente ao Bloco Socialista, reaquecendo assim a Guerra Fria. Parece mesmo certo que o projeto de uma governança mais inclusiva, apresentado há mais de 50 anos, tenha pecado por um caráter talvez demasiadamente utópico, já que, como as esferas de poder que não estiveram prontas para aceitar a incorporação dos jovens que queriam tomar o poder em 1968, as esferas internacionais de poder talvez não estivessem prontas para um mundo menos ocidental que exigia que o comércio se desse em termos menos desiguais, que houvesse maior transferência de tecnologia para os países pobres e que o armamentismo fosse substituído pelo combate à miséria e à fome (Shidore, 2023).

Mas se esse era o quadro de então, presenciamos hoje a existência de um mundo já bem menos ocidental, ou, pelo menos, um mundo bem mais complexo, onde se profundas desigualdades entre países ainda existem, novos atores estatais não ocidentais competem abertamente pela influência, talvez mesmo predominância, em diversas áreas do globo. Se tal realidade será suficiente para permitir a retomada de esforços coletivos por rearranjos nos ordenamentos do sistema internacional é algo ainda incerto. E, embora em algumas áreas estejamos presenciando a existência de uma realidade multipolar, a crescente rivalidade, não só econômica, com os Estados Unidos parece nos apresentar os contornos de uma possível emergente nova Guerra Fria, com impactos globais. Da mesma forma, até o momento os Brics, mesmo que com mais membros, ainda não nos permitem afirmar que representem, de fato, as demandas representativas do Sul Global como um todo, como os países não alinhados talvez pudessem pretender fazê-lo de maneira mais plausível.

De todo modo, especialmente dado que vários outros países, além dos cinco novos membros, estariam interessados em se juntar ao grupo, temos, sim, a possibilidade crescente de uma maior representatividade de vozes – algo que tenderá a enriquecer a pauta de demandas, mesmo que haja um grande desnível no peso de países específicos dentro do bloco. Ao mesmo tempo, um Brics ampliado requererá grande habilidade de negociação interna, assim como canais de diálogo com os países centrais da ordem hegemônica decadente, mas ainda em funcionamento. E é aqui que, mais do que nas experiências dos anos 1960 e 1970, o Brasil poderia ocupar um papel chave, desde que suas lideranças estejam à altura das necessidades do complexo mundo de hoje.

Lembremos que mesmo durante a crescente crítica da ordem internacional criada pelos países centrais ocidentais, a política externa brasileira (PEB) trilhava um difícil caminho entre apoiar demandas por reformas nas estruturas de poder centrais e manter sua autonomia de ação e não alienar parceiros tradicionais. Certamente, parte dessa postura da PEB, muitas vezes ambígua, derivava, pelo menos ao longo dos anos 1970, quando do crescente peso econômico brasileiro no mundo, do fato de que o país estava submetido a uma ditadura de direita alinhada na grande geopolítica mundial aos interesses do bloco ocidental (Lessa, 1997; Wiesebron, 2016). Nos últimos 30 anos, contudo, a diplomacia brasileira demonstrou-se talvez ainda mais criativa ao, simultaneamente, manter bons níveis de relacionamento com aliados históricos, e ampliar o espectro de parcerias no Sul Global.

Além dos Brics, o Brasil aumentou sua presença em países no continente africano (Chade, 2023), assumiu um papel central no Ibas (Ministério das Relações Exteriores, 2015) e, mesmo no G-20, tem trabalhado para que temas centrais dos países do Sul, como o combate contra a desigualdade e a fome, assumam maior relevância (Veja, 2023). Nesse sentido, após a destruição e o isolamento da extrema-direita neofascista (Ioris, 2019), a relevância do Brasil no cenário tem sido resgatada de maneira eficiente e supreendentemente rápida. Manter a linha de equilíbrio que tem sido buscada por Lula, contudo, não será fácil.

O mundo de hoje se encontra em rápida transformação, em que a lógica geopolítica, por vezes indo às vias de fato da guerra, tem assumido peso maior desde, pelo menos, o final dos anos 1980. A rivalidade entre China e EUA tem potencial de assumir cada vez mais contornos de conflito aberto, e o Brasil terá dificuldade para ser visto, ao mesmo tempo, como membro chave dos Brics, representante privilegiado das demandas do Sul e interlocutor chave e aliado, ou pelo menos parceiro comercial tradicional do Ocidente. Tal desafio se aprofundará na medida em que o grupo venha, talvez, a assumir posições mais abertamente confrontadoras contra o Ocidente.

Muito dependerá, pois, do peso e da capacidade de articulação que o Brasil conseguirá manter dentro do grupo. Alguns opinam que tal peso nunca foi, de fato, significativo (Buarque, 2023). E parece certo que tal peso esteja hoje diminuído, especialmente frente ao maior peso mundial da Índia, assim como diante da provável dissolução do poder de voto do Brasil dentro de um grupo ampliado e crescentemente sob a inegável liderança da China (Garcia; Ibanez, 2023). Ainda assim, pelo menos sob a hábil e carismática batuta de Lula, o Brasil não teve, até o momento, que submeter suas posições a fim conseguir influência dentro dos Brics (Romano, 2023). No mesmo sentido, a liderança brasileira no Novo Banco de Desenvolvimento, ou Banco dos Brics, certamente ajudará a manter a relevância brasileira na promoção de uma ambiciosa agenda que busca não só repensar a ordem internacional na sua dimensão econômica, mas também geopolítica (Pennaforte, 2023; Carpineta, 2023).

Sim, a expansão dos Brics se deu junto a países que, com raras exceções, não têm um bom histórico no que se refere ao respeito aos direitos humanos fundamentais de todos os seus cidadãos. Mas o fato de o Brasil se encontrar em um momento de reconstrução da sua própria democracia, embora aumente as dificuldades e a carga de trabalho a fim de tentar conciliar as agendas doméstica e internacional, representa, contudo, um momento de oportunidade de promover tais valores e direitos em ambas as esferas (Albuquerque, 2023). No mesmo sentido, dadas as incertezas e a volatilidade crescente do cenário internacional, será um grande desafio para a diplomacia brasileira conseguir conciliar as demandas e pressões do G-7 e as expectativas crescentes de um Brics ampliado (Godoy, 2023).

Assim, será necessário que as lideranças brasileiras de hoje e dos próximos anos tenham claros os desafios mas também as oportunidades de um mundo mais complexo e crescentemente conflituoso. Imprevisibilidade e riscos fazem cada vez mais parte do dia a dia da política internacional. A democracia liberal se encontra em crise, e o autoritarismo atrai adeptos pelo planeta. Dentro desse cenário, um país com um histórico de bom diálogo ao redor do mundo poderá vir a ser valorizado como interlocutor privilegiado para que canais de diplomacia, cada vez mais necessários, sejam mantidos (Pereira, 2023). Encontrar eixos temáticos para trabalhar com grupos de países em questões específicas – por exemplo, governança ambiental, no G-20 e junto ao G-7, e combate à desigualdade dentro dos Brics – poderá ser o caminho mais viável, pelo menos no curto prazo.

Se certamente temos habilidade para trabalhar no sentido de tentar dar respostas aos imensos desafios do presente, precisaremos, também, ter o elemento de coragem, que um grande diplomata-literato já nos alertava em meados do século passado, a fim de que possamos não só manter nosso atual peso no cenário internacional, mas consigamos mesmo expandir nossa presença e consolidar nossa relevância dentro de um mundo cambiante onde será cada vez mais necessário promover a paz, assim como maiores níveis de inclusão dentro e entre os diversos países ao redor do globo (Abdala, 2023).

REFERÊNCIAS

ABDALA, V. Brasil quer contribuir para paz justa e duradoura na Ucrânia. *Agência Brasil*, 23 ago. 2023. Disponível em: https://agenciabrasil.ebc.com.br/internacional/noticia/2023-08/brasil-quer-contribuir-para-paz-justa-e-duradoura-na-ucrania-diz-lula. Acesso em: 30 jan. 2024.

ALBUQUERQUE, H. A expansão do Brics é uma ótima notícia. *Jacobin*, ago. 2023. Disponível em: https://jacobin.com.br/2023/08/a-expansao-do-brics-e-uma-otima-noticia/. Acesso em: 30 jan. 2024.

ARIAS, T. Brazilian President Lula Travels to China with Hopes for Trade and Peace. *CNN World*, 11 abr. 2023. Disponível em: https://www.cnn.com/2023/04/11/americas/lula-brazil-china-visit-intl-latam/index.html. Acesso em: 30 jan. 2024.

BERGELES, C. L'épineuse Question de L'élargissement des Brics. *RFI*, 22 ago. 2023. Disponível em: https://www.rfi.fr/fr/podcasts/afrique-%C3%A9conomie/20230821-l-%C3%A9pineuse-question-de-l-%C3%A9largissement-des-brics. Acesso em: 30 jan. 2024.

BRENER, J. Trinta anos de não-alinhados. *Lua Nova*, v. 3, n. 3, mar. 1987. Disponível em: https://www.scielo.br/j/ln/a/dW4nvpXXVCyVX5QQsCmLGPP/?lang=pt. Acesso em: 30 jan. 2024.

BUARQUE, D. A expansão do Brics e a ilusão do protagonismo brasileiro. *Interesse Nacional*, 31 ago. 2023. Disponível em: https://interessenacional.com.br/edicoes-posts/daniel-buarque-a-expansao-do-brics-e-a-ilusao-do-protagonismo-brasileiro/. Acesso em: 30 jan. 2024.

CARPINETA, M. L. La estrategia detrás de la ampliación del Brics: por qué fueron elegidos los seis países. *El Destape*, 24 ago. 2023. Disponível em: https://www.eldestapeweb.com/internacionales/brics/la-estrategia-detras-de-la-ampliacion-del-brics-por-que-fueron-elegidos-los-seis-paises-202382414360. Acesso em: 30 jan. 2024.

CHADE, Jamil. Lula planeja retomar embaixadas na África fechadas por Bolsonaro. *UOL*, 11 ago. 2023. Disponível em: https://noticias.uol.com.br/colunas/jamil-chade/2023/08/11/em-viagem-lula-planeja-retomar-embaixadas-na-africa-fechadas-por-bolsonaro.htm. Acesso em: 30 jan. 2024.

GAN, N. BRICS Expansion Is a Big Win for China. But Can it Really Work as a Counterweight to the West?. *CNN World*, 28 ago. 2023. Disponível em: https://www.cnn.com/2023/08/28/china/china-brics-expansion-victory-intl-hnk/index.html. Acesso em: 30 jan. 2024.

GARCIA, A.; IBANEZ, P. Brics expandido, e agora? Novos desafios para a política externa brasileira. *Le Monde Diplomatique Brasil*, 28 ago. 2023. Disponível em: https://diplomatique.org.br/brics-expandido-e-agora-novos-desafios-para-a-politica-externa-brasileira/. Acesso em: 30 jan. 2024.

GODOY, F. O Brasil e o Brics ampliado. *Interesse Nacional*, 30 ago. 2023. Disponível em: https://interessenacional.com.br/edicoes-posts/fausto-godoy-o-brasil-e-o-brics-ampliado/. Acesso em: 30 jan. 2024.

IORIS, R. R. Trump and Bolsonaro: Much Ado About Nothing?. *E-International Relations*, 18 abr. 2019. Disponível em: https://www.e-ir.info/2019/04/18/trump-and-bolsonaro-much-ado-about-nothing/. Acesso em: 30 jan. 2024.

IORIS, R. R. Lula's Diplomatic Dance Is Nothing New For Brazil Or Its Leader – What Has Changed Is the World Around Him. *The Conversation*. 25 maio 2023a. Disponível em: https://theconversation.com/lulas-diplomatic-dance-is-nothing-new-for-brazil-or-its-leader-what-has-changed-is-the-world-around-him-205001. Acesso em: 30 jan. 2024.

IORIS, R. R. Lula and Biden: Common Challenges and Potential Shared Efforts to Come. *Washington Brazil Office*, 17 fev. 2023b. Disponível em: https://www.braziloffice.org/en/articles/lula-and-biden-common-challenges-and-potential-shared-efforts-to-come. Acesso em: 30 jan. 2024.

JACKSON, P. A Prehistory of the Millennium Development Goals: Four Decades of Struggle for Development in the United Nations. *United Nations Chronicle*. Disponível em: https://www.un.org/en/chronicle/article/prehistory-millennium-development-goals-four-decades-struggle-development-united-nations#:~:text=Recognizing%20that%20the%20problem%20was,%22United%20Nations%20Development%20Decade%22. Acesso em: 30 jan. 2024.

KARADJIS, M. The Global South's Views on Ukraine Are More Complex Than You May Think. *New Lines Magazine*, 17 ago. 2023. Disponível em: https://newlinesmag.com/argument/the-global-souths-views-on-ukraine-are-more-complex-than-you-may-think/. Acesso em: 30 jan. 2024.

LESSA, A. C. Instabilidade e mudanças: os condicionantes históricos da política externa brasileira sob Geisel (1974-1979). *Revista de Informação Legislativa*, v. 34, n. 133, p. 73-81, jan./mar. 1997. Disponível em: https://www2.senado.leg.br/bdsf/item/id/196. Acesso em: 30 jan. 2024.

MARIN, P. 'What Will Brazil's Foreign Policy Look Like Under Lula?', *Asia Times*, 8 nov. 2022. Disponível em: https://asiatimes.com/2022/11/what-will-brazils-foreign-policy-look-like-under-lula/. Acesso em: 30 jan. 2024.

MINISTÉRIO DAS RELAÇÕES EXTERIORES. *Fórum de Diálogo Índia, Brasil e África do Sul (IBAS)*. 19 jan. 2015. Disponível em: https://www.gov.br/mre/pt-br/assuntos/mecanismos-internacionais/mecanismos-inter-regionais/ibas. Acesso em: 30 jan. 2024.

NDZENDZE, B. Expansão do Brics: Mais seis nações vão ser incluídas; o que o grupo representa?. *Interesse Nacional*. 25 ago. 2023. Disponível em: https://interessenacional.com.br/edicoes-posts/expansao-do-brics-mais-seis-nacoes-vao-ser-incluidas-o-que-o-grupo-representa/. Acesso em: 30 jan. 2024.

PENNAFORTE, C. O Brics e a nova geopolítica econômica internacional. *Le Monde Diplomatique Brasil*, 22 ago. 2023. Disponível em: https://diplomatique.org.br/o-brics-e-a-nova-geopolitica-economica-internacional/. Acesso em: 30 jan. 2024.

PEREIRA, A. W. O intermediário – Por que o Brasil pode ser uma ponte para os dois lados de um mundo dividido. *Interesse Nacional*, 18 maio 2023. Disponível em: https://interessenacional.com.br/edicoes-posts/anthony-w-pereira-o-intermediario-por-que-o-brasil-pode-ser-uma-ponte-para-os-dois-lados-de-um-mundo-dividido/. Acesso em: 30 jan. 2024.

ROMANO, G. Brics dá em 2023 seu terceiro grande passo: "o resto do mundo" busca protagonismo. *Brasil de Fato*, 28 ago. 2023. Disponível em: https://www.brasildefato.com.br/2023/08/28/brics-da-em-2023-seu-terceiro-grande-passo-o-resto-do-mundo-busca-protagonismo. Acesso em: 30 jan. 2024.

SHIDORE, S. The Return of the Global South Realism, Not Moralism, Drives a New Critique of Western Power. *Foreign Affairs*, 31 ago. 2023. Disponível em: https://www.foreignaffairs.com/world/return-global-south-critique-western-power?utm_medium=newsletters&utm_source=fatoday&utm_campaign=The%20Return%20of%20the%20Global%20South&utm_content=20230831&utm_term=FA%20Today%20-%20112017. Acesso em: 30 jan. 2024.

STUENKEL, O. How BRICS Expansion Will Impact South America. *Americas Quarterly*, 24 ago. 2023. Disponível em: https://www.americasquarterly.org/article/how-brics-expansion-will-impact-south-america/. Acesso em: 30 jan. 2024.

VEJA. No G20, Lula defende mobilização contra a fome e as mudanças climáticas. *Veja*, 10 set. 2023. Disponível em: https://veja.abril.com.br/mundo/no-g20-lula-defende-mobilizacao-contra-a-fome-e-as-mudancas-climaticas. Acesso em: 30 jan. 2024.

WEEKS, G. Lula and the Revival of UNASUR and CELAC. *The Global Americans*, 17 jan.0 2023. Disponível em: https://theglobalamericans.org/2023/01/lula-and-the-revival-of-unasur-and-celac/. Acesso em: 30 jan. 2024.

WIESEBRON, M. L. Política Externa Independente, from Geisel to Lula. *Iberoamericana*, v. XVI, n. 62, p. 27-42, 2016. Disponível em: https://journals.iai.spk-berlin.de/index.php/iberoamericana/article/view/2252/1844. Acesso em: 30 jan. 2024.

Comércio exterior e relações internacionais do Brasil

Mario Mugnaini Jr.

As relações internacionais de um país orientam em parte suas políticas de comércio exterior e, nesse sentido, a mudança de governo em decorrência das eleições para presidente de 2022 merece ser analisada por suas diretrizes adotadas e perspectivas futuras.

A seguir analisamos os fatos mais marcantes das relações internacionais do Brasil e suas consequências para uma nova política de comércio exterior.

RETOMADA DO DIÁLOGO INTERNACIONAL E FACILITAÇÃO DE COMÉRCIO: REUNIÕES E VISITAS

Visitas aos países do Mercosul

Logo após ser oficializado o resultado da eleição presidencial de 2022, a diplomacia brasileira do novo governo organizou uma série de viagens para o presidente Lula com o principal objetivo de dar clara evidência de que o Brasil retornava ao cenário internacional.

Assim, a primeira visita foi organizada para a Argentina, principal parceiro do Mercosul, reparando uma lacuna dos anos anteriores, seja pela aparição da pandemia de covid-19, seja pelas dificuldades de relacionamento dos governos anteriores. Na sequência, foram organizadas visitas aos demais sócios, Paraguai e Uruguai, evidenciando a demonstração do novo governo na máxima atenção ao Mercosul.

O comércio zonal, em 2022 e no ano seguinte, dá sinais de revigoramento, indicando acertada a definição do Brasil por ele, constituído em elevada participação de bens de capital, produtos industriais e pelo setor automotivo.

MEIO AMBIENTE E CLIMA

O presidente Lula, convidado antes de sua posse, participou na reunião sobre clima e meio ambiente realizada em Sharm El-Sheikh, no Egito, no final de 2022, o que lhe permitiu indicar a nova posição do Brasil pelas ações de preservação do meio ambiente e seguimento e implementação das medidas adotadas na reunião COP de Paris.

Nessa mesma reunião, o Brasil manifestou interesse em sediar a COP-30, a realizar-se em 2025, apresentando a candidatura da cidade de Belém, no Pará, para sediar a reunião, evidenciando a preocupação do país com o meio ambiente ao designar uma cidade amazônica para a realização do encontro. Isso demonstra uma posição clara sobre o tema em resposta à falta de empenho do governo anterior, o que ocasionou posições restritivas ao comércio exterior brasileiro.

REUNIÃO EM BRASÍLIA DOS PRESIDENTES DOS PAÍSES DA AMÉRICA DO SUL

Um dos primeiros gestos de aproximação com os países da América do Sul por parte do novo governo foi o convite aos presidentes das nações sul-americanas para uma reunião em Brasília, na qual o presidente Lula salientou a necessidade de maior relacionamento e aumento do intercâmbio comercial.

Fiel à tradição, o Brasil apresentou-se como o país de maior população, extensão e economia, com a tradição de liderança não hegemônica regional, propondo um diálogo político mais propositivo e desejo de maior comércio na região.

VISITAS AOS PRINCIPAIS PAÍSES DO G-20

Como parte da tradição e do interesse do novo governo, foram realizadas visitas aos principais parceiros comerciais do Brasil que constituem o G-20.

A primeira visita foi aos Estados Unidos, com reunião de trabalho entre Biden e Lula, uma demonstração de manutenção de relações diplomáticas de alto nível e relações comerciais importantes para ambas as pautas. O tema cooperação tecnológica na área espacial propiciou a assinatura de um acordo para utilização da base de lançamentos de Alcântara, no Maranhão, para o lançamento de satélites americanos, uma antiga aspiração, pois permite economia de combustível.

Na sequência foi organizada uma viagem aos principais parceiros europeus do G-20, iniciando-se pela França. O diálogo com o presidente Macron foi pautado pelo acordo Mercosul-União Europeia e, em especial, a revisão proposta pelos europeus de sanções para exportações a partir de áreas de agressão ao meio ambiente.

Por fim, reunião com o chanceler Olaf Scholz, da Alemanha, com a primeira-ministra Meloni, da Itália, e encontro em Bruxelas com os membros mandatários da União Europeia, em que igualmente foi enfatizado o interesse do Brasil na rápida vigência do acordo Mercosul-União Europeia .

REUNIÃO DOS PAÍSES AMAZÔNICOS

Visando tratar o tema da necessária proteção do meio ambiente amazônico, o governo brasileiro convocou os países que compartilham a floresta em seu território, para uma reunião em Belém do Pará a fim de tratar das ações de preservação do bioma, mas com a missão de organizar ações e sobretudo harmonizar informações e divulgação de políticas conjuntas de preservação.

Tal sessão teve também os objetivos de preparação da COP-30, a realizar-se em 2025 em Belém, bem como a indicação à União Europeia das ações concretas de medidas de proteção do bioma amazônico, medidas essas de médio e longo prazo e que devem ser adotadas pelos países amazônicos, parceiros do Brasil nessa empreitada.

VISITA À ÁFRICA

Uma importante decisão da nova política nas relações exteriores do Brasil foi a retomada da prioridade das relações com os países africanos. Nesse sentido, a visita mais importante foi para Angola, país com histórico de intensa relação comercial com o Brasil, em função de problemas ligados a financiamentos no governo anterior, tais relações sofreram descontinuidade.

Por conseguinte, foi iniciado um entendimento entre os governos de Angola e do Brasil com vistas à retomada dos financiamentos de obras de engenharia com interesse na renovação ou ampliação da infraestrutura elétrica, estradas e saneamento, setores em que o Brasil tem experiência histórica.

Outra visita ao continente africano foi para São Tomé e Príncipe, pequeno país insular da costa ocidental africana, cuja economia é hoje voltada à prospecção de petróleo, o que pode representar um objetivo comercial para o Brasil.

MERCOSUL: RELAÇÕES COMERCIAIS DO BLOCO

Sob a presidência da Argentina reuniram-se em Puerto Iguazu, na Argentina, os presidentes dos países membros, após cerca de quatro anos de reuniões virtuais, em função da pandemia de covid-19 e as inerentes dificuldades de relacionamento no período entre 2020 e 2022.

Nesse encontro, o Brasil sedimentou nova posição em relação ao bloco, informando que, na sua Presidência em 2023, iniciaria esforços para dinamizar as relações no bloco nos aspectos comerciais e em especial ao tema meio ambiente, elemento fundamental para finalização do acordo Mercosul-União Europeia. A temática ambiental, portanto, passou a merecer grande atenção, na medida em que a União Europeia apresentou uma revisão no acordo referente à possível retaliação exportadora de produtos originários de áreas de desmatamento.

A revisão foi considerada pelo Mercosul como uma forte tendência ameaçadora a um livre comércio, o que ensejou consultas da Presidência brasileira aos demais membros do Mercosul, e uma resposta rapidamente foi apresentada. Do ponto de vista comercial, a revisão proposta pela União Europeia, baseada na proteção do meio ambiente, na realidade é a forma de satisfazer as preocupações com relação às exportações do Mercosul em produtos em que a União Europeia tem necessidade de proteção, seja pela baixa escala de produção, seja por preços não competitivos. Trata-se de produtos, desde o início das negociações, objeto de proteção sob forma de cotas e que atualmente, baseando-se no tema ambiental, foram transformadas em cláusula de proteção comercial. Os produtos, como carnes bovina, suína e de frango, etanol e açúcar, têm proteções diversas, tais como cotas e barreiras fitossanitárias e, do ponto de vista de acesso a mercado, os volumes passíveis de exportação pelo Mercosul são bem inferiores aos negociados em 2004.

REGRAS DE ORIGEM – MERCOSUL

Um ponto importante tratado na reunião do Mercosul foi a modificação da regra de origem para caracterização do produto nacional de cada país membro, seja para o mercado interno ou para a exportação.

Pela nova regra, o índice de caracterização de produto nacional que contenha componentes, partes ou conjuntos importados passa a ser: Argentina e Brasil (50%), Uruguai (60%), Paraguai (65%). Essa nova caracterização pode trazer algumas vantagens na inovação e modernização, mas também evidencia preocupações:

- a tendência do mercado mundial de bens está baseada no intercâmbio de partes produzidas em um país com vantagens competitivas, seja pela escala, seja pela eficácia de fabricação ou mesmo inovação tecnológica aplicada;

- sob esse aspecto, produtos brasileiros podem, usando esse critério, tornar-se mais avançados em tecnologia e mais competitivos;
- a preocupação está ligada ao índice nacional definido para Uruguai e Paraguai, que mediante artifícios de preços das partes importadas, pode conceder-se a um produto praticamente importado sua caracterização como nacional em sua função principal, agregando-se localmente acessórios menores, embalagem etc., de forma a respeitar o índice;
- a reiterada intenção do Uruguai em assinar, fora do Mercosul, um acordo de livre comércio com a China poderia, mediante o uso do novo índice de denominação de produto nacional, focar exportações para o Brasil e Argentina caracterizando um desvio de comércio;
- de há muito tempo o Paraguai dispõe de uma legislação de importação livre de impostos de partes e conjuntos, a lei de *Maquilla,* que com o novo índice pode igualmente dar nova forma a produtos, com vistas a exportações para os países do bloco.

A CRISE ECONÔMICA ARGENTINA

A Argentina vive há muitos anos uma crise econômica com elevada inflação e desvalorização do peso sem precedentes. As dificuldades do Banco Central da Argentina em captação de divisas dificultam a importação de bens e produtos por parte dos diferentes setores industriais bem como do agronegócio. Tal situação é preocupante para as exportações brasileiras de produtos industriais, bens de capital e sobretudo do setor automotivo, que constituem a maioria do nosso montante.

Visando uma solução para o problema, foram realizadas diversas reuniões específicas sobre esse tema por ocasião das visitas a Brasília pelo presidente da Argentina, objetivando a abertura de crédito vendedor para as exportações brasileiras, solução que pode contribuir para a continuidade das exportações argentinas para o Brasil, principalmente no setor automotivo. Tal solução complica-se pela necessidade de conjunto exportador e banco financiador exigirem garantias por parte do importador argentino, o que praticamente inviabiliza o mecanismo de financiamento.

Nessa mesma ocasião, o governo brasileiro tentou encontrar uma solução para a garantia indicando o retorno do país ao Convênio de Créditos Recíprocos (CCR), mecanismo criado no âmbito da Associação Latino-Americana de Integração (Aladi) entre os Bancos Centrais para permitir garantias de pagamento. Tal iniciativa demandará tempo e não pode ser considerada uma solução no curto prazo. A garantia do CCR mitiga uma parte do risco, mas não resolve o problema da garantia plena.

Aventou-se a possibilidade de o Banco de Desenvolvimento dos Brics, por consulta brasileira, garantir as importações argentinas de produtos brasileiros, mas a dificuldade de realização está na obrigatoriedade de o país ser membro do bloco. A solução foi apresentada na reunião dos Brics realizada em agosto de 2023, em Johanesburgo, com o convite para a Argentina fazer parte do bloco. Trata-se de solução para permitir que o Banco de Desenvolvimento do bloco possa garantir as importações argentinas – a ser estudada sua implementação no médio prazo.

Outro mecanismo para o problema em estudo é a centralização das exportações entre Brasil e Argentina nas moedas de cada país: peso e real. Os Bancos Centrais, por meio do sistema bancário de cada Estado, abririam créditos para as transações, que em equilíbrio permitiriam a continuidade das operações. Em caso de desequilíbrio, novos montantes seriam disponibilizados pelos Bancos Centrais e dariam condições para a continuidade das operações. Por ser mais complexa e tendo em vista o período eleitoral argentino no quarto semestre de 2023, tal solução, se aceita pelos Bancos Centrais, somente terá condições de avançar a partir de 2024.

Na reunião dos Brics, a China propôs ao Brasil e à Argentina a utilização do yuan, moeda chinesa, para as quantificações das operações, uma vez que ambos os países mantêm superávits exportadores com a China. Trata-se de uma operação de abrangência restrita e que será objeto de análise mais aprofundada entre Brasil e Argentina.

Nesse cenário de difícil solução para a crise econômica argentina, podemos esperar a continuidade das dificuldades em obtenção das Licenças de Importação e, portanto, consequências sobre as exportações brasileiras, fortemente concentradas em produtos industriais.

TEMAS CONTROVERSOS E COMÉRCIO EXTERIOR DO BRASIL

Posição do presidente Lula sobre a invasão da Ucrânia pela Rússia

Em uma conferência de imprensa, o presidente Lula teceu considerações sobre o conflito afirmando que ambos os países eram responsáveis pela situação, deixando de analisar que a Rússia havia invadido território ucraniano, uma afronta aos princípios sobre o tema regulado pela ONU. Dada a repercussão da declaração, o presidente revisou a posição indicando a equidistância do Brasil, e ações diplomáticas finalizaram em bons termos a situação.

Tanto a Rússia quanto a Ucrânia mantêm um intercâmbio exportador ao Brasil de insumos básicos para a produção de fertilizantes utilizados na agricultura brasileira, e devemos recordar que a continuidade desse fornecimento já havia sido preocupação do governo anterior, tendo sido mantida pelo novo governo a boa relação com ambos os países.

RECEPÇÃO AO PRESIDENTE MADURO

Convidado por Lula a participar em Brasília da reunião dos presidentes dos países sul-americanos, o chefe de Estado venezuelano Nicolás Maduro recebeu atenção especial em sua chegada ao Palácio da Alvorada, recepção não dispensada aos demais presidentes convidados.

Isso se deu como tentativa de normalização das relações diplomáticas do Brasil com a Venezuela, estremecidas no governo anterior e, dessa forma, a recepção com "pompa e circunstância" marcou a regularização das relações. Em consequência, foi aberto caminho para o retorno das exportações brasileiras para a Venezuela, pauta importante de produtos industriais, bem como início das negociações do pagamento da dívida antiga do país pelos financiamentos realizados para exportações brasileiras de serviços de engenharia.

Militares na política: democracia e a resiliência da questão militar

Sergio Abreu e Lima Florêncio

Após quatro anos de turbulência nas relações entre poder civil e poder militar e da ameaça real de um golpe de Estado, o país debateu de forma civilizada e democrática o papel dos militares na política. Este artigo procura demonstrar que as chances de limitar a influência dos militares na política é bem maior do que no passado.

A principal razão para esse diagnóstico foi o visível desgaste da imagem pública das Forças Armadas provocado por seu envolvimento em atividades antidemocráticas e ilegais no governo de Jair Bolsonaro. A eleição do novo governo criou condições para um processo de autocrítica por parte de oficiais de alta patente que evidencia os prejuízos consideráveis resultantes do seu envolvimento na política.

Se esses desenvolvimentos contribuem para despolitizar as Forças Armadas, outras características da instituição tendem a blindá-la de mudanças, tais como arraigado espírito de missão patriótica, formação política que privilegia a ordem em detrimento da liberdade e preocupação em preservar a imagem da "família militar". O cotejo dessas duas tendências poderá lançar alguma luz sobre o destino dos militares na política brasileira.

A QUESTÃO MILITAR REVISITADA

A atuação de militares na política é um debate antigo, que remonta à questão militar do final do Império e até hoje resiliente. O tema do presente é o mesmo do passado, mas o propósito do debate atual é o inverso.

Na questão militar do Império, o Exército era discriminado por um sistema imperial que privilegiava os bacharéis ligados a políticos e à oligarquia rural. Enquanto isso, os jovens tenentes, inspirados pelo positivismo do mestre Benjamin Constant, pregavam a ordem, assegurada pelo Exército, e o progresso, resultante da abolição e da República.

Assim, o núcleo da questão militar da década de 1870 era a aspiração dos jovens oficiais por liberdade política para se manifestarem em defesa da abolição, da República, da corporação. Em contraste, atualmente, o núcleo da resiliente questão militar é o oposto – a aspiração da sociedade de limitar o poder político dos militares, enfatizar sua profissionalização e, assim, preservar a democracia. Ou seja, o país vive hoje uma questão militar invertida.

OFICIAIS VERSUS BACHARÉIS – O NOVO E O ARCAICO

O tratamento diferenciado dispensado a oficiais e a bacharéis não era um problema trivial no final do Império. Refletia uma divergência mais ampla entre o segmento jovem e reformista de uma instituição emergente – o Exército – e um sistema monárquico decadente, resistente a mudanças e defensor de privilégios. As pressões por mudança eram intensas: sociais e econômicas – abolição da escravidão, bem como políticas e institucionais.

A escravidão era uma vergonha histórica, e sua defesa por parte das oligarquias rurais perdia vigor com o aumento no número de escravos libertos, o influxo de imigrantes europeus e a condenação internacional. Ao mesmo tempo, a República refletida no Manifesto de 1870 traduzia aspiração crescente das classes médias urbanas, de intelectuais e da imprensa.

O impasse se prolongava, e a solução final veio por meio do golpe militar que implantou a República. Curiosamente, seu protagonista – Marechal Deodoro – era monarquista e amigo do imperador. Na época, confessou ao chefe do Gabinete de Ministros, Ouro Preto, que o Exército decidiu proclamar a República porque era maltratado pelo governo. Essa confidência é importante, porque revela um comportamento recorrente dos militares ao longo da história: atua tanto pela ética da convicção – o imperativo da República –, como pela ética da corporação – a defesa das Forças Armadas.

OS MILITARES COMANDAM – A REPÚBLICA DA ESPADA

Assim, o golpe da República foi a primeira manifestação clara do papel político dos militares e da consciência de que a corporação deve ser a vanguarda na defesa *lato sensu* do país e da governabilidade. Era o resgate republicano do Poder Moderador do Império, assumido então não mais pelo imperador, mas pelas Forças Armadas.

Nas referências aqui feitas às Forças Armadas, é necessário qualificar que o papel da Marinha foi modesto, por contar com contingente muito menor que o do Exército e pelo reduzido envolvimento político. "A Marinha possuía uma estrutura política interna dualista, oficiais de um lado, praças do outro. Por suas características organizacionais, recrutamento aristocrático dos oficiais, a Marinha era uma força menos sensível a pressões políticas e menos hostil às elites políticas civis" (Carvalho, 2019, p. 81).

O surgimento da República da Espada não podia deixar de ser conturbado. Dois presidentes militares assumiram o poder, mas a morte de Deodoro e Floriano Peixoto, logo após seus mandatos, facilitou a transição do poder para os civis. A transição da Monarquia para a República preservou o sistema político dominado pelas oligarquias rurais, tendo os militares como garantidores desse modelo excludente. "A ausência do povo, eis o pecado original da República" (Carvalho, 2017, p. 18). Isso não impediu períodos de instabilidade, como o estado de sítio no governo Hermes da Fonseca e rebeliões militares, como o Movimento Tenentista de 1922, que, embora derrotado, preservou forte influência política. Ou seja, os militares não estavam no palco, mas inspiravam o enredo.

OS MILITARES PROGRESSISTAS DA REVOLUÇÃO DE 30

A Revolução de 30 foi o ponto de inflexão. "Foi necessário aguardar a década de 1930 para que a presença do povo se fizesse novamente sentir" (Carvalho, 2017, p. 22). Mais uma vez, o Exército foi decisivo na vitória, tendo à frente o tenentismo, com o importante apoio das Polícias Militares estaduais. A corporação contribuiu, assim, para o nascimento do Brasil moderno, semi-industrial e apoiado pelo operariado urbano. É verdade que muitos tenentes de 1922 apoiaram Getúlio Vargas na Revolução de 30, mas foram sendo cooptados pelos conservadores e terminaram por endossar a ditadura do Estado Novo sete anos depois.

A vitória dos Aliados na Segunda Guerra Mundial, com a participação da Força Expedicionária Brasileira (FEB), criou o paradoxo entre uma atuação externa democrática e uma ditadura doméstica. Novamente, foram as Forças Armadas que operaram a inflexão, ao darem ultimato a Vargas para deixar o poder e anunciar eleições livres, vencidas pelo general Dutra, então ministro da Guerra.

Vale ressaltar o paralelo entre Deodoro, um monarquista que proclamou a República, e Dutra, um simpatizante do nazismo que assumiu a Presidência do Brasil democrático de 1945. Essa comparação revela um comportamento recorrente do Exército: a prioridade dos interesses da corporação sobre a política ou a ideologia, seja o republicanismo ou a democracia. A ética das Forças Armadas prevalece sobre a da sociedade, como refletida na indiferença de Ernesto Geisel, oficial encarregado da missão de depor Vargas no Palácio do Catete. "Participar de uma operação que derrubou um presidente da República não me deu qualquer emoção especial. Tudo parecia uma coisa muito natural. O movimento de 1945 foi feito dentro da hierarquia" (Gaspari, 2003, p. 48).

Vargas assumiu três perfis ao longo da vida política, segundo seu biógrafo Lira Neto: o revolucionário de 1930, o ditador do Estado Novo de 1937 e o democrata-reformista de 1950. Mas esses perfis produziram uma dicotomia na imagem pública do líder, muito bem retratada no final da trilogia do biógrafo.

> Para muitos, ele foi o grande responsável pela modernização do Brasil, ao pôr em prática um modelo nacional-desenvolvimentista capaz de direcionar, em pouco mais de duas décadas, um país agrário para o rumo efetivo da industrialização. (...) Para outros, contudo, o chamado populismo varguista seria a expressão mais pronta e acabada do uso das massas como instrumento de dominação política. A incorporação dos trabalhadores e das classes médias no cenário nacional teria sido apenas uma forma de legitimar o líder autoritário e personalista (Neto, 2014, p. 350-1).

Em lugar da dicotomia, José Murilo de Carvalho tem a visão, mais realista, de que com esse último Vargas (1951-1954) "veio a primeira experiência brasileira de conciliação da liberdade e da igualdade" (Carvalho, 2017, p. 154).

O GOLPE MILITAR ADIADO E SUA CHEGADA EM 1964

As reformas iniciadas por Vargas ameaçaram poderosos grupos econômicos nacionais e estrangeiros que, aliados à liderança militar, levaram ao desfecho do seu trágico suicídio. A gigantesca manifestação popular em solidariedade ao pai dos pobres frustrou a elite militar, que preparava um golpe. "A multidão de um milhão de pessoas que acompanhou o corpo do presidente suicida indicou de que lado estava o mundo da necessidade" (Carvalho, 2017, p. 154). Poucos anos depois, com a eleição de Juscelino Kubitschek, uma conspiração de oficiais da Aeronáutica tentou impedir a posse do presidente eleito, rapidamente superada pela mão legalista do marechal Lott.

O suicídio, reconhecidamente, adiou por dez anos o golpe militar, que veio a ocorrer em 1964. Pela primeira vez, a corporação militar, tendo o apoio do empresariado, das classes médias e do governo norte-americano, assume o poder e inaugura o autoritarismo, com o regime militar que duraria 21 anos.

A imagem de um Exército reformista do passado desapareceu com o Ato Institucional número 5 de 1968 e outras medidas que implicaram: proibição do jogo político democrático, suspensão das liberdades individuais, graves violações de direitos humanos, mortes e execuções sumárias. Com o golpe de 1964, o desgaste da imagem pública das Forças Armadas foi inevitável.

MILITARES REDEMOCRATIZADOS E SEU INVERSO

Em contraste, com a redemocratização e durante 33 anos, os militares respeitaram as instituições e se afastaram da política. A criação do Ministério da Defesa, ocupado por um civil desde o governo Fernando Henrique Cardoso e até o governo Dilma Rousseff, refletiu esse afastamento entre a caserna e a política.

Entretanto, aqui há duas importantes qualificações. Poucos dias antes do julgamento do pedido de habeas corpus de Luiz Inácio Lula da Silva, o comandante do Exército, general Villas

Boas, fez grave manifestação contra o STF em seu X (anteriormente chamado Twitter).

> Embora falasse de respeito à Constituição, na realidade a agredia porque pressionava um dos três poderes da República, quando a Carta Magna manda que as Forças Armadas os garantam. Ela teve apoio imediato de outros generais da ativa e da reserva. (...) Em 2015, o general Hamilton Mourão, então à frente do Comando Militar do Sul, já fizera declarações políticas, atitude repetida dois anos depois (Carvalho, 2019, p. 7-8).

Apesar desses dois episódios de retrocesso, a política não entrou nos quartéis e, assim, os militares recuperaram em grande medida o perfil de honestidade, profissionalismo e espírito público. "Em 1985, retomou-se o ensaio de 1945. Mas até hoje a recuperação da liberdade não tem resultado em progresso significativo da igualdade. O Brasil continua uma democracia liberal, com liberdade, mas sem igualdade" (Carvalho, 2017, p. 155). A partir da eleição de Bolsonaro, aquelas virtudes dos militares se transformaram em vícios.

Os amplos e profundos danos para a democracia durante o governo Bolsonaro são de domínio público: defesa do regime militar e dos ícones da tortura, como o coronel Brilhante Ustra; ataque às instituições representativas, em particular o Supremo Tribunal Federal (STF); tentativa de desacreditar o sistema eletrônico de votação; emprego de mais de 6.100 militares em funções civis; aparelhamento militar da Presidência da República e da Casa Civil, paradoxalmente chefiada por militar; forte aproximação com polícias militares estaduais; negacionismo de vacinas na pandemia; desvio de joias sauditas destinadas ao Estado em benefício próprio; e provas robustas de tentativa de golpe.

Muitas dessas medidas tiveram o envolvimento de militares reformados e da ativa, alguns deles de alta patente, inclusive membros do Alto Comando. O desfecho desse desvirtuamento do papel das Forças Armadas atingiu seu clímax no vandalismo praticado por milhares de seguidores do presidente, nas sedes dos Três Poderes. Esse episódio do 8 de janeiro era parte de um plano destinado a provocar caos social generalizado, na expectativa de que a liderança das Forças Armadas se sentisse pressionada a dar um golpe.

É POSSÍVEL LIMITAR OS MILITARES NA POLÍTICA?

Como visto anteriormente, a participação dos militares na política – aqui cunhada de questão militar – marcou os momentos mais emblemáticos de nossa história. É preciso agora examinar os possíveis rumos do atual esforço institucional destinado a limitar o papel político dos militares e, assim, afastar do horizonte o resiliente Poder Moderador das Forças Armadas. Esse esforço poderá produzir uma solução à vista?

No governo Bolsonaro, os militares tiveram envolvimento expressivo em atividades que colocaram em risco o estado de direito e culminaram tanto na reunião do presidente com os comandantes das Forças Armadas para examinar uma minuta de golpe, como no trágico episódio do 8 de janeiro.

Esses episódios tiveram diversificados efeitos sobre o clima político e social do país e sobre a corporação. A imagem dos militares junto à opinião pública foi negativamente afetada, e o comandante do Exército do novo governo, general Tomás Paiva, defendeu a punição de oficiais envolvidos na tentativa de golpe. Ao mesmo tempo, o governo iniciou intenso diálogo com as Forças Armadas destinado a reduzir a politização dos quartéis.

No passado, a imagem pública das Forças Armadas ficou abalada com a ruptura democrática promovida pelo golpe de 1964 e, quatro anos depois, com o endurecimento do regime por meio do AI-5. Esses episódios condenáveis foram, em certa medida, contrabalançados por importantes reformas institucionais – criação do Banco Central, da Embrapa, da Embraer, do Cenpes –, mas sobretudo pelo desempenho da economia, que assegurou 82% de popularidade ao terceiro general presidente. "Em 1972 a economia cresceria 11,9%, a maior taxa de todos os tempos. Era o quinto ano consecutivo de crescimento superior a 9%. A renda per capita dos brasileiros aumentara 50%. (...) Um metalúrgico parcimonioso ganhava o bastante para comprar um fusca novo (...) e as casas com televisão passaram de 24% para 34%" (Gaspari, 2003, p. 26). É bem verdade que esse crescimento não foi inclusivo, tendo como meta "crescer o bolo para depois dividir" e tinha como mecanismo a correção monetária, que beneficiava as classes média e alta, escondia a inflação e era socialmente perversa.

Com o passar dos anos essas compensações foram desaparecendo, e o final do regime foi desastroso – uma economia à beira da hiperinflação, uma sociedade cansada do autoritarismo e um trágico saldo de 434 mortos e desaparecidos. Ao mesmo tempo, a anistia, iniciada por Geisel e Golbery, blindou agentes da ditadura responsáveis por crimes de tortura, sequestro, desaparecimentos forçados e execuções sumárias.

Nos 33 anos pós-redemocratização, as Forças Armadas estiveram em grande medida ausentes do jogo político, o que contribuiu para o avanço da democracia, apesar das turbulências geradas pelo impeachment de dois presidentes e pela maior recessão econômica desde os anos 1930. O ponto de inflexão nessa trajetória virtuosa foi o governo Bolsonaro, que trouxe de volta os militares para a cena política e produziu um marcante desgaste na imagem da instituição. Isso tem sido comprovado por pesquisas recentes de opinião pública, sobretudo após a divulgação de partes da delação premiada do ajudante de ordens do presidente, tenente-coronel Mauro Cid.

O ESPÍRITO MILITAR E SUA VERTENTE POLÍTICA

A carreira militar constitui um exemplo da chamada "instituição total", ou seja, aquela que assume a integralidade da personalidade de seus membros, tornando inevitável uma adaptação profunda da personalidade do indivíduo ao *ethos* da instituição. Acontecimentos históricos carregados de simbolismos – como a derrota das revoltas durante a Regência, a vitória na Guerra do Paraguai, a luta pela abolição dos escravos, o positivismo, a proclamação da República e o tenentismo – fizeram com que os militares passassem a ser vistos, por eles mesmos e por amplo segmento da população, como responsáveis pela missão patriótica de salvar o país do caos político e da desordem social.

É nesse ponto que reside a semente ideológica da justificativa para o Poder Moderador das Forças Armadas, preservado no imaginário corporativo e, em certa medida, popular. Semente cultivada pela percepção de que, em contraste com os civis e a classe política, os militares são honestos, sérios, disciplinados e têm espírito público. "Por mais liberal que seja o militar, ele não admite que um brasileiro possa achar que sua instituição não seja essencial para o país, na forma e com as atribuições que eles querem. (…) Os militares se sentem donos absolutos do patriotismo e credores da gratidão da pátria" (Carvalho, 2021, p. 296-7).

A visão autocentrada da corporação está associada ao que Celso Castro chama de *o espírito militar*, em livro com o mesmo título. Resulta de uma estreita convivência com os colegas de farda, que muitas vezes começa aos 11 anos de idade, no curso de admissão ao Colégio Militar, passa pela Escola Preparatória de Cadetes e vai até a Academia Militar das Agulhas Negras (Aman). Ou seja, são praticamente 12 anos em sistema de internato, seguidos pelo convívio no quartel e em casas das vilas militares. "A importância do companheirismo de farda e o peso da instituição sobre sua vida são absolutos. O Exército é descrito como o grande castelo protetor que nos abriga, nos protege, nos ensina, nos educa, provê nossas necessidades, forja nosso caráter, molda nossa personalidade e nos obriga a nos superarmos" (Castro, 2021, p. 14).

Esse estilo de vida, pautado pelo reduzido contato com civis, gera uma visão de mundo à parte, tendo a corporação como o eixo central da formação e da irradiação de valores. Nessas condições, o oficial-cidadão tem pouco espaço para desenvolver um pensamento próprio dissociado dos valores corporativos. Em princípio, na visão de seus membros, a instituição não comete erros e, se ocorrem, é preciso, acima de tudo, preservar a "família militar". "A ideia de que as forças armadas devam reformular alguns aspectos de sua atuação (...) parece ainda ofensiva à maioria dos militares" (Carvalho, 2021, p. 298).

Essa lógica corporativa explica nossa incapacidade histórica de punir militares responsáveis, na ditadura, por crimes e outras violações de direitos humanos – assegurada pela Lei Nacional da Anistia de 1979 – ao contrário da Argentina, do Chile e da África do Sul. Incapacidade que, no governo Bolsonaro, transmudou-se em absurda exaltação, por parte do presidente e do seu vice, da figura-símbolo da tortura em nosso país, o coronel Brilhante Ustra.

OS DESCAMINHOS MILITARES E SEUS ANTÍDOTOS

A sucessão de episódios, anteriormente descritos, que minaram a imagem das Forças Armadas, produziu dois sérios agravantes, tanto na esfera política como no campo da corrupção. O primeiro foi a articulação entre oficiais, inclusive ex-integrantes do Alto Comando, para a tentativa de golpe, destinado a impedir a posse do presidente legitimamente eleito. O segundo foi a participação de militares em operações irregulares e desonestas, como falsificação de cartões de vacinação e apropriação pessoal, pelo presidente, de joias destinadas ao patrimônio público.

O primeiro agravante, de cunho político, ainda está sendo investigado pela Polícia Federal. As evidências de ações antidemocráticas praticadas por militares provocam indignação generalizada, sendo minuciosamente monitoradas por parte da imprensa, academia, ONGs e outros setores da sociedade civil. O segundo agravante, vinculado à corrupção, é também detalhadamente observado pelo corpo social. Ambos provocam desgaste da corporação junto à opinião pública e, talvez, junto a si mesma.

O intenso diálogo atualmente em curso entre autoridades civis e militares tem o duplo propósito, tanto de fortalecer a democracia – ao afastar a possibilidade de futuros golpes militares – quanto de preservar o papel legítimo das Forças Armadas na defesa da integridade territorial, da soberania e da ordem pública. Como conciliar esses dois objetivos? Que medidas concretas estão sendo tomadas para impedir a volta da política aos quartéis? O governo se sente seguro para empreender essa tarefa histórica de combater o recorrente intervencionismo militar contrário à consolidação da democracia?

Avanço institucional de peso nessa direção foi o projeto de lei, em exame na Câmara e com boas chances de aprovação, que determina o desligamento da carreira daqueles militares candidatos a cargos eletivos. No mesmo sentido se situa a recente decisão do STF de suspender a participação do Ministério da Defesa na avaliação do sistema eleitoral.

Parece inegável a disposição dos comandantes das Três Forças de apoiarem, e até mesmo acelerarem, as investigações da Polícia Federal, uma vez que seu prolongamento provoca desgaste crescente na imagem pública da corporação. Entretanto, apesar dessa disposição e do clima de cordialidade entre o comandante do Exército e o ministro da Defesa, ainda parece difícil determinar até que ponto poderão chegar as eventuais condenações dos militares de alta patente por envolvimento na tentativa de golpe.

IMAGEM DESFIGURADA VERSUS IMAGEM RESTAURADA

As críticas da sociedade civil dirigidas aos militares pelo envolvimento na tentativa de golpe e nas irregularidades no episódio das joias sauditas tendem a abalar a autoestima da corporação, sempre vista por seus integrantes como ícone do patriotismo, da honestidade e do espírito público. Quanto mais cedo sejam punidos os culpados, melhor para as Forças Armadas e para o país. É natural que a corporação procure personalizar e não institucionalizar as irregularidades e crimes cometidos. Entretanto, a instituição ainda resiste em aceitar penalidades muito severas para seus integrantes. Essa atitude corporativista pode vir a conflitar com os anseios da sociedade civil e das demais áreas do governo.

É compreensível que o momento atual exija moderação por parte do governo, sobretudo à luz do risco recente de um golpe e do episódio do 8 de janeiro, com envolvimento de oficiais de alta patente, inclusive de ex-membros do Alto Comando. Essa moderação se traduz, nesse momento, em adiar qualquer veleidade de rever o artigo 142 da Constituição de 1988.

Entretanto, é útil e oportuno que essa questão seja debatida e esclarecida junto à opinião pública. O referido artigo é de fato ambíguo. Inicialmente, estabelece que as Forças Armadas "destinam-se à garantia dos poderes constitucionais", assumindo, assim, o papel de outro poder (o Judiciário), e não de instituição integrante do Poder Executivo (como o é na verdade), sendo, portanto, identificada com o Poder Moderador do Império.

Em seguida, o artigo 142 continua: "e, por iniciativa de qualquer destes [poderes constitucionais], [destinam-se à defesa] da lei e da ordem". Deduz-se que a necessidade de ficarem as Forças Armadas sujeitas à iniciativa dos "poderes constitucionais" está restrita às operações de garantia da lei e da ordem (GLOs).

A esse respeito, esclarecimento importante foi a decisão do ministro Luiz Fux, do STF, que estabeleceu interpretação legal de que o artigo 142 e a lei complementar 97/1999 não permitem que as Forças Armadas atuem para moderar conflitos entre os poderes da República. Essa decisão foi relevante porque grupos de extrema-direita, o próprio presidente e o vice-presidente da República desvirtuam o sentido desse artigo, com o propósito de servir de base jurídica para um suposto Poder Moderador das Forças Armadas e, assim, fragilizar o equilíbrio entre os Poderes, as instituições e a democracia. Embora inoportuna no atual momento, a revisão do artigo 142, que exige Proposta de Emenda Constitucional (PEC), se impõe no futuro próximo.

É nesse âmbito que três desafios se impõem: limitar o papel político das Forças Armadas, reformular o arcabouço jurídico que inspira o chamado Poder Moderador e aplicar punições rigorosas para os responsáveis pela tentativa de golpe e pelo trágico episódio de 8 de janeiro.

CONCLUSÃO

As possibilidades de definitiva superação da questão militar dependem tanto de variáveis estruturais quanto de conjunturais.

A questão envolve uma dimensão histórico-sociológica. O fenômeno de Forças Armadas profissionais, alheias ao mundo político, como grande mudo, como se dizia do Exército francês, só existe em democracias liberais. Nesses países criou-se uma hegemonia burguesa baseada em crescimento econômico e inclusão política de proletários e camponeses. Paralelamente, o crescimento do nacionalismo fortaleceu as identidades nacionais em detrimento de identidades de classe, sobretudo da classe operária, reduzindo com isso as possibilidades de revoltas e revoluções, restringindo o papel político dos militares a guerras externas (Carvalho, 2019, p. 22).

Em contraste com essas características das economias avançadas, nosso desenvolvimento tardio e excludente não foi capaz de construir uma democracia sólida e não incorporou as massas na economia e na política. "A entrada tardia do povo na política verificada na década de 1930 veio acompanhada de mobilização política que deu margem à transformação das Forças Armadas em atores políticos importantes, quando não hegemônicos" (Carvalho, 2019, p. 22-3). Essa hegemonia esteve presente na Lei da Anistia, e é, sem dúvida, um avanço ao preparar o caminho para o fim da ditadura.

Entretanto, ao mesmo tempo, "perdeu-se a chance da reconciliação efetiva e do aprendizado na memória nacional. (...) Aqui no Brasil o lixo foi varrido para debaixo do tapete. Faz de conta que não aconteceu" (Arida, 2023).

No plano das circunstâncias conjunturais, as dificuldades mais fortes para distanciar os militares da política residem na resiliência de uma extrema-direita antidemocrática, que abrange parcela da corporação militar e cerca de um quarto da sociedade. A isso se soma a frágil base de sustentação do governo atual em um Congresso de ampla maioria conservadora e fisiológica. Ademais, o objetivo central do governo é aprovar seu programa econômico – pré-condição para elevar sua aprovação popular.

O cotejo dessas duas vertentes – estrutura e conjuntura –, que condicionam o horizonte de efetiva superação da Questão Militar, permite concluir que o país está no caminho certo. O fracasso da arquitetura de golpe construída nos quatro anos de governo Bolsonaro somado ao trágico episódio do 8 de janeiro demonstraram tanto os riscos de retrocesso institucional, como o imperativo de consolidar a democracia. Ao mesmo tempo, a ambiguidade demonstrada pelas Forças Armadas ao longo dos quatro anos – superada apenas ao final pela recusa do Alto Comando de acatar o projeto autoritário do presidente – torna essencial afastar as Forças Armadas da política e, assim, avançar no processo de efetiva superação da questão militar.

As medidas para limitar o papel dos militares na política prosseguem, cresce sua aceitação na sociedade, e ganham adeptos no interior da corporação. Assim, embora lentos e tópicos, os progressos ocorrem e a despolitização dos quartéis avança. Mas desatar o nó górdio no curto prazo, com uma completa neutralização do Poder Moderador das Forças Armadas e uma superação definitiva da república tutelada, ainda é uma estrada a ser pavimentada.

REFERÊNCIAS

ARIDA, P. Rakudianai. *Piauí*, n. 55, abr. 2011. Disponível em: https://piaui.folha.uol.com.br/materia/rakudianai/. Acesso em: 30 jan. 2024.

CARVALHO, J. M. *O pecado original da República*: debates, personagens e eventos para compreender o Brasil. Rio de Janeiro: Bazar do Tempo, 2017.

CARVALHO, J. M. *Forças Armadas e política no Brasil*. 3. ed. São Paulo: Todavia, 2019.

CARVALHO, J. M. *Pontos & bordados*: escritos de história e política. 2. ed. Rio de Janeiro: Topbooks, 2021.

CASTRO, C. *O espírito militar*: um antropólogo na caserna. 3. ed. revista e ampliada. Rio de Janeiro: Zahar, 2021.

GASPARI, E. *A ditadura derrotada*. São Paulo: Companhia das Letras, 2003.

NETO, L. *Getúlio, 1945-1954*: da volta pela consagração popular ao suicídio. São Paulo: Companhia das Letras, 2014.

A esperança de um progressivo retorno do Brasil a um Estado Democrático de Direito

Felipe Tirado

O presente capítulo debate o potencial de retorno do Brasil a "um" Estado Democrático de Direito no terceiro governo de Luiz Inácio Lula da Silva. O Estado Democrático de Direito (ou simplesmente EDD, a seguir), como paradigma ou conceito, tem contornos bem delimitados apesar de divergências acerca de seu conteúdo. Uma definição abrangente do conceito seria a observância, por indivíduos e pelo Estado, dos pressupostos e procedimentos legais, incluindo e visando uma participação democrática efetiva[7]. Nesse sentido, parece mais prudente tratar o paradigma como um ideal a ser alcançado e seus pressupostos como passíveis de serem efetivados, em maior ou

---

7. Uma breve apresentação do conceito e do debate sobre ele pode ser encontrada em Tommasoli (2012). Uma discussão mais completa sobre o Estado de Direito pode ser encontrada em Waldron (2008).

menor medida, ou, por outro lado, negados. Por essas razões, a opção no título por "um" EDD e a autocontenção em apresentar uma definição mais elaborada do conceito.

Nesses termos, ao longo da República, o Brasil passou por períodos de maior proximidade, distanciamento e até negação de diversos pressupostos fundamentais do EDD – para muito além dos expostos na abrangente definição apresentada[8]. Por mais de um terço do século passado, o país foi governado por regimes ditatoriais, períodos nos quais pressupostos democráticos e constitucionais básicos foram amplamente violados. Entretanto, mesmo durante os períodos democráticos, a observância dos fundamentos expostos foi bastante limitada. O fato de que uma grande parcela da população só teve seu direito ao voto reconhecido na década de 1980 ilustra bem essa afirmação[9]. De todo modo, parece possível afirmar que o país nunca experienciou os pressupostos do Estado Democrático de Direito de forma ampla e efetiva, ainda que na definição abrangente exposta acima.

Por outro lado, também é possível afirmar que, no início do século 21, o Brasil passou por um período no qual diversos pressupostos desse paradigma estavam sendo efetivados de maneira cada vez mais ampla, tendo como ápice os primeiros mandatos de Lula (Meyer, 2021; Souza, 2022). Entretanto, após essa época de conquistas e de efetivação de fundamentos do EDD, o país experienciou uma série de retrocessos e, por diversas vezes, ocasiões que constituíram um risco de negação total do paradigma, durante o governo de Jair Bolsonaro

---

8. Enquanto uma análise do paradigma do Estado Democrático de Direito de forma ampla possa ser considerada anacrônica, uma análise acerca de seus pressupostos parece tanto possível quanto relevante para o presente capítulo.

9. Para mais sobre a história do voto no Brasil, ver a série "Conheça a história do voto no Brasil", disponível em: https://www.camara.leg.br/noticias/122465-conheca-a-historia-do-voto-no-brasil/.

(Meyer, 2021). No contexto desses avanços e retrocessos, este capítulo discute a esperança de um progressivo retorno do Brasil, durante o terceiro mandato de Lula, à rota que antecede os últimos governos – em direção a "um" Estado Democrático de Direito. O próximo tópico inicia esta investigação com uma breve recapitulação dos fatos e processos que afastaram o país ainda mais dos pressupostos desse ideal e da sisífica tarefa de alcançá-lo.

A DERROCADA – DO IMPEACHMENT DE DILMA ROUSSEFF AO GOVERNO BOLSONARO

Diferentes perspectivas e abordagens teóricas apontam eventos diversos para demarcar o exato momento de início da derrocada dos pressupostos necessários ao Estado Democrático de Direito no Brasil, arduamente conquistados durante o processo de redemocratização e nas décadas seguintes. Apesar de compreender o valor dessas leituras, neste capítulo, optamos por tomar uma perspectiva político-institucional como ponto de partida, em razão do foco da análise proposta aqui. Assim, seguindo autores do campo, compreendemos o impeachment da presidente Dilma Rousseff como ponto de partida dessa mais recente derrocada dos pressupostos do EDD no país – ou um momento fundamental para a gradual ampliação da "erosão constitucional" nacional[10].

Com a perspectiva oferecida pelo tempo, é praticamente unânime para a literatura especializada que Dilma Rousseff foi vítima de um golpe, apesar de divergências em relação à sua forma e natureza[11]. De qualquer maneira, é possível afirmar, com pouca discordân-

---

10. Para uma discussão aprofundada acerca da "erosão constitucional" no Brasil, conferir Meyer (2021).
11. Conferir, por exemplo, Meyer (2021) e Kreuz (2023).

cia de especialistas, que o impeachment de Dilma constituiu em si uma violação aos pressupostos fundamentais do EDD. Desse modo, o início do processo que levou o país aos limites extremos observados nos últimos anos é estabelecido nesse evento, que é, ao mesmo tempo, uma expressão de negação dos pressupostos e procedimentos básicos expostos na introdução.

Nesse sentido, é necessário ressaltar que dois personagens centrais no posterior processo de aprofundamento da erosão dos pressupostos do Estado Democrático de Direito no país tiveram papéis marcantes no impeachment, apesar de seus diferentes graus de relevância. O primeiro, o então vice-presidente Michel Temer, teve papel fundamental durante todo o processo que levaria à sua nomeação[12]. O segundo personagem, por outro lado, teve uma participação tão coadjuvante quanto sua relevância política à época; entretanto, a memória do voto do então deputado federal, Jair Bolsonaro, ainda assombra aqueles que prezam por pressupostos básicos do EDD. Alguns anos antes de assumir a Presidência, Bolsonaro dava uma espécie de prévia do que seria seu mandato ao bradar que votava "pela memória do coronel Carlos Alberto Brilhante Ustra, o pavor de Dilma Rousseff" (Poder360, 2021)[13].

Enquanto é possível identificar o aprofundamento dos retrocessos durante o governo Temer, foi no governo de Bolsonaro que houve o maior afastamento de pressupostos do EDD. Nesse período, inclusive, o país passou por ocasiões de negação completa do ideal – com pretensões e até mesmo uma tentativa frustrada de ruptura constitucional. Assim, é praticamente um consenso que, na atual República, o

---

12. Conferir Meyer (2021).
13. Como ensina a máxima da justiça de transição, acreditamos que a declaração deva ser citada, parafraseando, para que não esqueçamos e que nunca mais ocorra.

país nunca esteve tão longe dos pressupostos do Estado Democrático de Direito quanto durante o governo Bolsonaro. A existência do citado agravamento em relação a esses governos é corroborada por estudos mais detalhados acerca do tema – como exposto a partir de uma perspectiva constitucional, em relação a avanços da agenda neoliberal no período:

> Michel Temer atuou como substituto [de Dilma] enquanto enfrentava diversas acusações de corrupção. Temer não durou muito na presidência. No entanto, conseguiu ampliar a agenda neoliberal introduzida por governos anteriores que seria radicalizada pelo próximo presidente, Jair Bolsonaro (Meyer, 2021, p. 2-3).

De tal forma, uma série de medidas tomadas pelo governo assumido após o impeachment de Dilma aprofundou o processo de distanciamento iniciado nesse ponto de partida. Por um lado, reformas constitucionais e legislativas de perfil neoliberal foram centrais para o afastamento do Brasil do projeto constitucional inaugurado em 1988 – e, assim, de pressupostos do EDD. Por outro, Temer ampliou o poder das Forças Armadas na política, como ilustrado pelo retorno dos militares ao Ministério da Defesa e pela intervenção federal na área de segurança pública no estado do Rio de Janeiro (Meyer, 2021). Essas medidas aprofundaram ainda mais o afastamento citado e possibilitaram uma participação central de militares no governo subsequente, sob o comando institucional de um ex-capitão que fora expulso do Exército. Ao fim desse governo, Bolsonaro contaria com o apoio de Temer, dos militares e de diversos setores e movimentos conservadores e de extrema-direita para se eleger, dando início ao período de maior distanciamento dos fundamentos do EDD na história recente do país.

Durante o governo Bolsonaro, foi possível observar centenas de ocasiões nas quais houve atos e declarações, do presidente e de seu círculo mais próximo, que violavam pressupostos fundamentais do Estado Democrático de Direito, uma tendência agravada durante a pandemia de covid-19. Ao fim do seu mandato, dezenas de denúncias e investigações contra o então presidente haviam sido arquivadas pelo procurador geral da República e mais de 150 pedidos de impeachment estavam sendo represados pela Presidência da Câmara dos Deputados (Mendes, 2023). Tais omissões e a completa falta de responsabilização das violações do período constituem negações adicionais dos pressupostos do EDD – ainda conforme a definição abrangente exposta na introdução. Nesse sentido, é possível concluir que "a erosão constitucional agravada por uma série de fatores na última década dispôs solo fértil para o desenvolvimento do bolsonarismo, que, por sua vez, acabou por gerar uma deterioração ainda maior" (Meyer; Tirado, 2024).

Durante o período, o distanciamento em relação a pressupostos do estado democrático de direito no Brasil foi registrado de forma marcante por indicadores internacionais. O *World Justice Project Rule of Law Index* (WJP, 2023), por exemplo, indicou que houve ampla redução à adesão ao Estado de Direito no país. No ranking de 2015, o país ocupava a 46ª posição, entre 102 países ranqueados. Em 2022, o Brasil desceu para a 81ª posição, entre 140 países (WJP, 2023). Enquanto é possível criticar o uso de indicadores de forma descontextualizada, utilizá-los em conjunto com os fatos previamente apresentados corrobora o argumento desenvolvido neste tópico. De tal forma, esses indicadores oferecem evidências adicionais, a partir de observadores externos, para sustentar o argumento de que, durante o período, houve uma série de retrocessos em relação a pressupostos básicos do EDD, inclusive em perspectiva comparada.

Ao longo de toda sua campanha eleitoral em 2022, Lula se posicionou de forma contundente contra os distanciamentos e a negação de fundamentos do Estado Democrático de Direito executados durante os governos anteriores, desde o impeachment de Dilma Rousseff e, especialmente, em relação aos retrocessos do governo Bolsonaro. Após o primeiro turno das eleições, uma Frente Ampla pela Democracia foi estabelecida, com a participação de atores dos mais variados polos do espectro político nacional, visando derrotar Bolsonaro e o projeto político representado por ele (Tirado, 2022). No intervalo entre os dois turnos, a palavra "esperança" foi repetida inúmeras vezes por membros dessa frente.

AS ELEIÇÕES DE 2022, A ESPERANÇA DE RETORNO AO *STATUS QUO ANTE* E O 8 DE JANEIRO DE 2023

Enquanto é possível afirmar que o Brasil nunca experimentou os pressupostos do Estado Democrático de Direito de forma ampla e efetiva, também é razoável sustentar que a maior efetivação desses se deu nas décadas que precederam os últimos governos – em especial durante os primeiros mandatos de Lula. Assim, talvez seja mais adequado afirmar que a eleição dele em 2022 constituía para muitos uma esperança de retorno ao *status quo ante*, ou seja, ao período no qual houve uma progressiva aproximação ao ideal do EDD. Uma esperança que parece ser constitutiva da "reconstrução" visada no lema "União e Reconstrução"; slogan definido pelo governo Lula na posse em 1º de janeiro de 2023, composto por termos constantemente utilizados ao longo da campanha eleitoral e no período de transição (Mazui, 2023).

No último ano de seu mandato, em especial nos meses que antecederam as eleições de 2022, Bolsonaro intensificou cada vez mais sua retórica autoritária e beligerante (Meyer; Tirado; 2023). Em paralelo, em um primeiro momento, há diversos indícios de que o ex-presidente planejava, com seu círculo mais próximo, intervir no processo eleitoral (Albuquerque, 2024). Por fim, durante as eleições, há evidências de que esses indivíduos passaram a executar uma série de medidas visando a manutenção no poder, inclusive por meio de uma ruptura institucional (Meyer; Tirado, 2023). Um ano após ele deixar o poder, decisões tomadas por diversos órgãos e informações acerca de investigações sobre os movimentos antidemocráticos apontam para a existência de uma organização que de fato visava subverter a ordem constitucional vigente (Meyer; Tirado, 2024). Assim, ao longo do período eleitoral, o país se encontrava entre momentos de distanciamento e da completa negação do conteúdo fundamental citado na introdução.

Finalmente, as profundas mazelas deixadas pelo governo Bolsonaro se manifestariam da forma mais extrema em Brasília no domingo seguinte à posse de Lula. No dia 8 de janeiro de 2023, foi realizado "o ataque às instituições democráticas no pós-1988 [possuindo] contornos bem claros: premeditado, anunciado, convocado, financiado e efetivado de forma organizada" (Meyer; Tirado, 2024). Se o governo Bolsonaro fora prefaciado pela declaração do então deputado durante o impeachment de Dilma, os atos do dia 8 e janeiro podem ser considerados seu posfácio. Nesse sentido, as ações daquele dia tiveram o intuito de "causar distúrbio social apto a pretender uma inconstitucional intervenção militar ou algum outro tipo de ruptura" (Meyer; Tirado, 2024), em favor do ex-presidente que, derrotado, se encontrava em Miami. Nos atos do dia 8, observamos o maior movimento público de negação dos pressupostos do Estado Democrático de Direito na história recente do país.

Na sequência dos atos do dia 8 de janeiro, a "ágil e vigorosa" resposta das instituições da República foi um necessário ponto de partida para assegurar o controle de atos criminosos e a preservação das instituições democráticas (Tirado, 2023). Após milhares de apoiadores do ex-presidente Bolsonaro invadirem a praça dos Três Poderes, Lula impôs uma intervenção federal na segurança pública de Brasília. Essa intervenção, diferentemente daquela estabelecida por Temer, foi coordenada pelo Ministério da Justiça. Na mesma noite, os chefes dos três Poderes, acompanhados por diversos outros representantes do Estado brasileiro, condenaram os atos, reforçando o compromisso com a ordem constitucional. Durante os dias seguintes, o processo de responsabilização dos culpados pelos atos foi instaurado (Meyer; Tirado, 2024). Assim, a célere resposta das instituições democráticas aos atos de 8 de janeiro e os passos que a sucederam têm sido fundamentais para estabelecer o progressivo retorno do Brasil em direção a "um" Estado Democrático de Direito.

O RETORNO AO IMPASSE TRADICIONAL: ENTRE IMPUNIDADE E RESPONSABILIZAÇÃO

Apesar de uma resposta efetiva e do avanço das investigações em relação aos atos antidemocráticos expostos no tópico anterior, foi possível observar um gradual arrefecimento das medidas contra atores e instituições responsáveis por tais atos. Arrefecimento que muitas vezes é comum ao tempo do direito, mas que, por outro lado, também é promovido intencionalmente com o intuito de "avançar" a pauta política nacional de forma conciliadora (Mendes, 2023). Enquanto a conciliação pode ser relevante em determinadas ocasiões, a prática se tornou costumeira no Brasil, recorrentemente levando a anistias que muito mais significam a impunidade de agentes e instituições perpetradoras de graves violações do que uma possível forma de reparação de danos causados. Neste sentido, podemos observar, mais uma vez, o retorno do impasse entre responsabilização e impunidade, que se tornou tradicional no país; uma questão que, predominantemente, teve a impunidade como triunfante.

Visando dar continuidade ao progressivo retorno em direção ao Estado Democrático de Direito – uma esperança constitutiva do terceiro mandato de Lula –, é imperativo impedir que ocorra a repetição do resultado preponderante em relação ao impasse citado. Enquanto as sucessivas declarações de inelegibilidade do ex-presidente contribuem para esse objetivo, assim como as medidas iniciais em relação à responsabilização dos envolvidos nos atos do 8 de janeiro, é fundamental levar as apurações ao fim, determinando e punindo de forma adequada todos aqueles que estavam envolvidos no amplo projeto que visava subverter a ordem constitucional vigente (Mendes, 2023; Meyer; Tirado, 2024). Dessa maneira, é possível defender que:

> apenas pela conjunção de devida apuração e responsabilização coletivas, com suas delimitações individuais – incluindo aqui autoridades públicas envolvidas – levaria a uma resposta adequada ao movimento de erosão constitucional fomentado pelo fundamentalismo bolsonarista (Meyer; Tirado, 2024).

O "BRASIL DO FUTURO": EM DIREÇÃO A UM ESTADO DEMOCRÁTICO DE DIREITO

Na direção dos diversos avanços experienciados pelo Brasil durante os regimes democráticos da República e apesar da série de retrocessos no intermédio (e ao longo) desses, é fato que há um persistente esforço em direção a um Estado Democrático de Direto no Brasil.

Um esforço em direção ao que alguns compreendem como o "Brasil do Futuro" – lema da transição do terceiro governo Lula (Arbex, 2022). De tal forma, para que o país seja capaz de avançar se aproximando cada vez mais desse ideal, é necessário se voltar ao passado. Nos termos da "reconstrução" proposta pelo atual governo, é imperativo continuar restabelecendo as capacidades das instituições e normas que compõem o EDD, especialmente minadas ao longo do governo anterior. Entretanto, como defendido, esse "retorno" deve se afastar de certos padrões prevalecentes até então. Visando que os avanços conquistados sejam duradouros e não mais reféns de tentativas de golpes e figuras autoritárias, a primeira tarefa necessária é superar a lógica tradicional do impasse citado.

Nesse sentido, concluímos que, inicialmente, para retomar a rota estabelecida com a redemocratização e aprofundada nas décadas seguintes, avançando em direção ao "futuro" almejado, é fundamental responsabilizar de forma efetiva aqueles que negaram pressupostos elementares do Estado Democrático de Direito (Mendes, 2023; Meyer; Tirado, 2024). Ademais, revertendo a atual lógica de seletividade do sistema penal brasileiro, é essencial começar esse processo por aqueles que reiteradamente se beneficiam da impunidade. Todavia, visando a continuidade do projeto em direção a um Estado Democrático de Direito, não basta apenas responsabilizar atores e instituições violadores – de forma didática, ainda que um tanto quanto tardia. Em paralelo, é necessário fortalecer de maneira contundente as instituições que atuam por conquistas e pela efetivação dos fundamentos do EDD no país. Apenas assim o governo Lula terá a esperança de retornar a um projeto que garanta, de forma ampla e duradoura, os meios necessários para a efetivação de direitos e da participação democrática no Brasil.

REFERÊNCIAS

ALBUQUERQUE, A. O que se sabe do plano de golpe para Bolsonaro após revelações da Polícia Federal. *Folha de S. Paulo*. Disponível em: https://www1.folha.uol.com.br/poder/2024/02/o-que-se-sabe-do-plano-de-golpe-para--bolsonaro-apos-relevacoes-da-policia-federal.shtml/. Acesso em: 14 de fev. 2024.

ARBEX, T. Slogan do governo de transição de Lula deve ser "Brasil do Futuro". *CNN*. 4 nov. 2022. Disponível em: https://www.cnnbrasil.com.br/politica/slogan-do-governo-de-transicao-de-lula-deve-ser-brasil-do-futuro/. Acesso em: 29 jan. 2024.

CÂMARA DOS DEPUTADOS. Conheça a história do voto no Brasil. *Câmara dos Deputados*. 03 out. 2008. Disponível em: https://www.camara.leg.br/noticias/122465-conheca-a-historia-do-voto-no-brasil/. Acesso em: 29 jan. 2024.

KREUZ, L. Impeachment como jogo duro constitucional: a responsabilização à remoção de governantes indesejáveis. *Revista Direitos Fundamentais e Democracia*, v. 28, n. 1, 2023.

MAZUI, G. Slogan do governo Lula será "União e Reconstrução". *G1*, 1 jan. 2023. Disponível em: https://g1.globo.com/politica/noticia/2023/01/01/slogan-do-governo-lula-sera-uniao-e-reconstrucao-veja-a-logomarca.ghtml. Acesso em: 29 jan. 2024.

MENDES, C. H. Desbolsonarizar o futuro, reparar o passado. *Folha de São. Paulo*, 8 nov. 2023. Disponível em: https://www1.folha.uol.com.br/colunas/conrado-hubner-mendes/2023/11/desbolsonarizar-o-futuro-reparar-o-passado.shtml. Acesso em: 29 jan. 2024.

MEYER, E. P. N. *Constitutional Erosion in Brazil*. Londres: Bloomsbury Publishing, 2021.

MEYER, E. P. N.; TIRADO, F. *O bolsonarismo entre a erosão constitucional e a ruptura institucional*. 2024 (capítulo em publicação).

PODER 360. Há 5 anos, Câmara abria impeachment de Dilma e Bolsonaro louvava Ustra. *PODER 360*. 17 abr. 2021. Disponível em: https://www.poder360.com.br/governo/ha-5-anos-camara-abria-impeachment-de-dilma-e-bolsonaro-louvava-ustra/. Acesso em: 29 jan. 2024.

SOUZA, J. *A ralé brasileira*: quem é e como vive. Rio de Janeiro: Civilização Brasileira, 2022.

TIRADO, F. Brazilian Election: Jair Bolsonaro Set to Lose But his Legacy Will Be Harder to Remove. *The Conversation*, 28 set. 2022. Disponível em: https://theconversation.com/brazilian-election-jair-bolsonaro-set-to-lose-but-his-legacy-will-be-harder-to-remove-190862. Acesso em: 29 jan. 2024.

TIRADO, F. Brazil: Swift and Robust Response to the Insurrection Highlights the Strength of Democracy. *The Conversation*, 9 jan. 2023. Disponível em: https://theconversation.com/brazil-swift-and-robust-response-to-the-insurrection-highlights-the-strength-of-democracy-197456. Acesso em: 29 jan. 2024.

TIRADO, F; MEYER, E. P. N. A decisão do TSE pela inelegibilidade de Jair Bolsonaro. *Interesse Nacional*, 26 jul. 2023. Disponível em: https://interessenacional.com.br/edicoes-posts/felipe-tirado-a-decisao-do-tse-pela-inelegibilidade-de-jair-bolsonaro/. Acesso em: 29 jan. 2024.

TOMMASOLI, M. Rule of Law and Democracy: Addressing the Gap between Policies and Practices. *UN Chronicle*, v. 49, n. 4, dez. 2012. Disponível em: https://www.un.org/en/chronicle/article/rule-law-and-democracy-addressing-gap-between-policies-and-practices. Acesso em: 29 jan. 2024.

WALDRON, J. The Concept and the Rule of Law. *Georgia Law Review*, v. 43, n. 1, p. 1-61, 2008.

WJP – WORLD JUSTICE PROJECT. What is the Rule of Law? *World Justice Project*. Disponível em: https://worldjusticeproject.org/about-us/overview/what-rule-law. Acesso em: 29 jan. 2024.

Terrorismo, um novo desafio para a política brasileira

Fhoutine Marie

Em 9 de outubro de 2023, poucos dias após o início da guerra Israel-Hamas, os deputados federais Lindbergh Farias (PT-SP) e Carla Zambelli (PL-SP) discutiram no plenário da Câmara trocando acusações. Farias acusou Zambelli de ser terrorista, por conta dos atos golpistas de 8 de janeiro e do episódio em que a deputada perseguiu um homem com arma em punho em São Paulo, na véspera do segundo turno das eleições de 2022. Zambelli disse que o deputado não queria responder a ela se o Hamas era ou não um grupo terrorista. "O seu presidente anda de mãos dadas com pessoas que são terroristas e apoiam o terrorismo", declarou. Zambelli se referia à hesitação do presidente Luiz Inácio Lula da Silva em usar a palavra para se referir ao Hamas, grupo paramilitar que governa a Faixa de Gaza desde 2006. O grupo é considerado terrorista por alguns países, como Estados Unidos e Reino Unido. Contudo, o Brasil costuma seguir a classificação da Organização das Nações

Unidas, que não considera o grupo dessa forma, assim como Rússia, China e outros países.

A discussão entre os deputados sintetiza um desafio do Brasil presente: como lidar formalmente com o terrorismo no âmbito interno e externo? Quem pode ser classificado dessa forma? O que muda a partir do momento em que indivíduos ou grupos passam a ser considerados terroristas? De um lado, a volta da esquerda ao governo precisa lidar com as ameaças à ordem institucional cada vez mais articuladas e decidir se irá lançar mão ou não de um recurso que historicamente tem sido usado contra ela[14]. De outro, com a volta de Lula à Presidência, o país volta a ambicionar um papel relevante no cenário internacional. Nessa retomada, a tradição de neutralidade diplomática se choca com a pressão de importantes atores, como Estados Unidos e Israel, para uma postura mais incisiva em relação ao terrorismo.

Este artigo recupera a trajetória do termo terrorismo e como ele tem sido empregado na legislação brasileira e nas Nações Unidas e tenta nuançar alguns caminhos para o futuro.

TERRORISMO, UM CONCEITO EM MOVIMENTO

Na última década do século 19, terrorismo e terrorista eram palavras associadas aos anarquistas que realizaram diversos atentados contra autoridades e prédios públicos em países como Itália, França, Espanha, Rússia e Áustria. Eles acreditavam que isso ajudaria a inflamar

---

14. Falo mais detalhadamente em "Os perigos do uso do termo 'terrorismo' para classificar ataque em Brasília" publicado na época dos atos golpistas no site da Interesse Nacional em 10 de janeiro de 2023. Disponível em: https://interessenacional.com.br/edicoes-posts/fhoutine-marie-uso-do-termo-terrorismo-para-classificar-ataque-em-brasilia-e-problematico/. Acesso em 29 out. 2023.

as massas, levando à revolução social. A tática conhecida como *propaganda pela ação* não era consenso entre todos os anarquistas, mas a reação não fez distinções. Por causa desses atos, muitos anarquistas foram executados, presos ou exilados (Woodcock, 1984). Muitos dos que conseguiram fugir migraram para as Américas, onde as autoridades já os aguardavam prevenidas do "perigo anarquista". Novamente houve perseguição: alguns foram impedidos de entrar em países como Brasil, Argentina e Uruguai e novamente deportados. Os que ficaram, passaram a ser monitorados, proibidos de exercer atividades políticas (Albornoz, 2013; Santos, 2008).

A partir da década de 1920, os termos "terrorismo" e "terrorista" passaram a ser usados para classificar movimentos armados de libertação nacional na Irlanda e no País Basco, como o Exército Republicano Irlandês (IRA) e Pátria Basca e Liberdade (ETA). Após o fim da Segunda Guerra Mundial, passaram a ser designados dessa forma os movimentos de independência dos países africanos, as guerrilhas de países vivendo sob ditaduras militares na América do Sul e grupos de inspiração comunista como as Brigadas Vermelhas, na Itália, e Fração do Exército Vermelho (grupo Baader-Meinhof), na Alemanha.

Até meados da década de 1970, o terrorismo era uma questão relacionada aos movimentos separatistas ou revolucionários, mas circunscrita ao Estado territorial. Com os atentados das Olimpíadas de Munique, a prática se converteria num problema transnacional, aparecendo nas resoluções das Nações Unidas como algo que demandaria combate e prevenção de todos seus signatários.

Em 1960, no contexto da independência da Argélia e outros processos de descolonização que ocorriam em África e Ásia, a Organização das Nações Unidas declarou legítima a luta armada pela libertação nacional. Por meio da resolução 1514[15], aprovada em dezembro daquele ano, reconhece a autodeterminação dos povos como direito inalienável, assim como o direito ao exercício de sua soberania e à integridade do seu território nacional. O documento descreve o colonialismo como um empecilho à cooperação internacional e recomenda cessar qualquer ação armada dirigida aos movimentos de libertação nacional.

A partir do documento, é possível afirmar que havia uma certa aceitabilidade do uso da violência ilegítima (terrorista) quando o objetivo era a constituição de um Estado, visto que essas forças eram incorporadas (legitimadas) pelos Estados recém-criados[16]. Foi o que aconteceu na Argélia, quando a Frente de Libertação Nacional se converteu no único partido naquele país até 1989, e com os grupos paramilitares sionistas como Irgun Zvai Leumi (também conhecido como Etzel) e o Lohamei Lehut Israel (Lehi), que deram origem ao serviço secreto e exército israelense, mas durante o protetorado britânico fizeram uso de táticas de uso ilegal da força (terroristas) para desestabilizar o domínio inglês.

O terrorismo internacional só apareceu na agenda das Nações Unidas em 1972, após os atentados do grupo Setembro Negro contra a delegação israelense, nas Olimpíadas de Munique. O debate foi marcado pelas diferentes propostas defendidas pelo bloco ocidental e pelo soviético. Enquanto o autoproclamado *mundo livre* pedia a

---

15. Entretanto, a resolução contém um paradoxo: ela informa que qualquer tentativa de quebrar total ou parcialmente a unidade nacional e a integridade territorial de um país é incompatível com os propósitos e princípios da Carta das Nações Unidas.

16. O mesmo não ocorre quando o uso ilegal da violência visa quebrar a unidade territorial de um Estado (como no caso do nacionalismo basco e irlandês) ou uma mudança de regime político autoritário – nesses casos o terrorismo volta a ser intolerável.

criação de um tratado internacional para legislar e punir criminalmente o terrorismo, os representantes do *socialismo real* queriam a prevenção do terrorismo por meio da eliminação de suas causas, em particular, do colonialismo – contexto em que até então era considerado legítimo a atores não estatais fazer uso da força. Mesmo com esse impasse, a Resolução 3034 reafirmou o direito à autodeterminação dos povos e a legitimidade dos movimentos de libertação nacional, condenando atos repressivos e *terroristas* praticados por regimes coloniais, racistas ou estrangeiros que impedissem o acesso dos povos a esses direitos (Campedelli, 2011).

Em 1974, Yasser Arafat subiu ao plenário da ONU para pedir o reconhecimento da independência dos territórios palestinos Cisjordânia, Faixa de Gaza e Jerusalém Oriental. Em um discurso histórico, o então líder da Organização para a Libertação da Palestina (OLP) afirmou que o movimento não era uma simples questão de refugiados, mas tratava do direito à autodeterminação dos povos, consagrado pelas Nações Unidas. Frisando que a disputa com os judeus não se tratava de um conflito religioso, Arafat declarou o respeito pela fé judaica, mas criticou a política sionista, que considerava colonialista e discriminatória.

A palavra terrorista foi usada por ele para se referir à ocupação dos territórios palestinos por Israel e ao tratamento dispensado pelas forças armadas do país aos residentes das áreas ocupadas. Para Arafat, a diferença entre terrorista e revolucionário seria o motivo pelo qual se luta. O terrorismo seria a prática dos colonizadores e invasores estrangeiros, enquanto a luta armada seria uma forma legítima de resistência contra a dominação.

As palavras de Arafat buscavam afastar a causa palestina do rótulo de terrorista, situando-a dentro do que havia sido estabelecido como legítimo pelas próprias Nações Unidas nos anos anteriores. As décadas seguintes vieram carregadas de cisões no movimento palestino e surgimento de novas organizações, incluindo as confessionais, como Hezbollah (no sul do Líbano) e Hamas, em Gaza. No âmbito da ONU começaram a ocorrer mudanças significativas nas resoluções relativas ao terrorismo. A legitimidade da ação armada objetivando a libertação nacional desapareceu das normativas, dando lugar à condenação inequívoca das práticas de terrorismo em todas suas formas e ao chamado para a cooperação nacional para combatê-lo.

Ainda que não seja apresentada uma definição precisa do que seria terrorismo, as resoluções da ONU ao longo da década de 1980 e 1990[17] reforçam a necessidade de uma política transnacional de prevenção e combate ao terrorismo *em todas as suas formas*. O apoio aos movimentos anticoloniais foi enfraquecendo até que eles deixassem de ser mencionados nos documentos (Campedelli, 2011). Em seu lugar, na esteira da desintegração do bloco soviético, foi se cristalizando a aproximação entre terrorismo e produção de drogas e a pressão para ampliação da criminalização das práticas consideradas terroristas.

Com o fim da ameaça comunista, o terrorismo, essa ameaça *sem rosto* e sem definição, emerge como o novo inimigo a ser combatido no cenário internacional – o que está bem esboçado no pensamento neoconservador estadunidense, mas ganharia fôlego com os atentados de 11 de Setembro[18]. A partir dos atentados contra o Pentágono e World Trade Center, verificam-se dois desdobramentos da chamada Guerra ao Terror: a intensificação do combate ao terrorismo internacional e o recrudescimento da islamofobia ao redor do mundo, tema amplamente discutido por Angela Davis em *A democracia da abolição* (2009).

---

17. Alguns exemplos: Resolução 40/61 (1985); Resolução 42/159 (1987), Resolução 49/60 (1995).
18. Para saber mais, ver Teixeira (2010).

Ampliados os dispositivos legais e extralegais para combater o terrorismo internacional, prisão de inocentes e mesmo morte de pessoas que "se parecem" com terroristas, como o brasileiro Jean Charles de Menezes, mostram que terrorismo no século 21 pode até não ter uma definição, mas tem cara – a do estrangeiro não branco.

Nos atentados de Oslo (2011), o ultradireitista Andres Breivik, mesmo já sendo fichado pelo governo do país, não despertou desconfiança dos guardas em serviço por não se enquadrar no perfil racial de terrorista. O atentado teve como alvo jovens que participavam de um encontro sobre multiculturalismo. O manifesto divulgado por Breivik para a imprensa afirmava que se tratava de uma ação contra o aumento da imigração de muçulmanos para a Europa. No ano seguinte Breivik seria condenado a 21 de prisão por "atos de terrorismo", depois de ter matado 77 pessoas em um atentado que as autoridades do país depois reconheceram que poderia ter sido evitado (France Presse, 2012).

Essa breve contextualização de como o terrorismo deixou de ser um problema do Estado-nação e se converteu em um problema transnacional, a influência do nacionalismo palestino na discussão sobre terrorismo no âmbito das Nações Unidas e os desdobramentos políticos dos atentados aos Estados Unidos em 11 de setembro de 2001 ajudam a entender como, ao longo dos últimos 50 anos, foi sendo construída no discurso político internacional uma associação entre terrorismo e islamismo.

O problema desse tipo de estereótipo, reforçado pelos meios de comunicação e na fala de figuras públicas, é que assuntos como disputas territoriais e intervenções militares passam reduzidos a um suposto e irascível fundamentalismo religioso. A pluralidade de causas de um conflito e as divergências sobre visões de mundo, soluções diplomáticas e uso da força deixam se ser nuanças na cobertura e nas análises políticas. Produz-se a impressão de equivalência em situações sem qualquer equilíbrio de forças. Se o fanatismo torna as negociações impossíveis, os massacres são justificáveis.

COMO O BRASIL LIDA COM O TEMA

Historicamente, a diplomacia brasileira tem se caracterizado pela neutralidade. Membro fundador da Organização das Nações Unidas, participa de suas principais áreas de atuação: desenvolvimento sustentável, direitos humanos e paz e segurança. Tradicionalmente o país é o primeiro a discursar nas assembleias. Já fez parte de 33 missões de paz e participou de 11 mandatos como membro do Conselho de Segurança, sendo o segundo maior participante dos membros não permanentes, atrás apenas do Japão.

A volta de Lula à Presidência do Brasil coincidiu com o mandato do país na Presidência do Conselho de Segurança da ONU, que, por sua vez, coincidiu com a eclosão da guerra Israel-Hamas. De imediato, o líder brasileiro condenou os ataques do Hamas contra Israel que deram início a esta etapa de um conflito que já atravessa sete décadas. Seguindo a posição da ONU, que não considera o grupo paramilitar uma organização terrorista, Lula classificou os atos como terroristas, mas não seus autores. Isso acabou rendendo críticas da direita, que acusa a esquerda brasileira, em particular o Partido dos Trabalhadores, de manter relações com organizações terroristas (como as Farc, da Colômbia) ou ser benevolente com condenados por terrorismo (como o italiano Cesare Battisti). Um grupo de 61 deputados da oposição chegou a pedir ao Ministério das Relações Exteriores para que o grupo fosse classificado desta forma (Panho; Aguiar, 2023), mas o pedido foi negado.

Manter-se alinhado à posição da ONU não significa que o Estado brasileiro tenha um histórico de "conivência com o terrorismo". Desde a década de 1970 o país é signatário de todos os tratados internacionais que visam à cooperação entre países para prevenir, combater, punir e eliminar o terrorismo. Os documentos foram firmados com ONU, Organização dos Estados Interamericanos (OEA), Organização da Aviação Civil Internacional, Organização Marítima Internacional e Agência Internacional de Energia Atômica (Raposo, 2007). Ainda que não apresentem uma definição objetiva do que seria terrorismo, esses documentos dispõem sobre tomada de reféns, atentados com bombas, financiamento de atividades/grupos terroristas, atos cometidos a bordo de aeronaves e aeroportos, marcação de explosivos plásticos, atos contra embarcações e plataformas fixas, proteção física do material nuclear, delitos contra pessoas e extorsão.

Se no plano internacional o Brasil não tem demonstrado simpatia por atos ou grupos considerados terroristas, no âmbito doméstico as coisas não são diferentes. No começo do século 20, a república nasceu com a prevenção ao perigo representado pelos "dinamitadores europeus" e fez com que o país prendesse e deportasse imigrantes envolvidos em atividades políticas em seus países de origem, especialmente anarquistas (Monteiro, 2009). Na década de 1920, embora não fizesse referência à palavra terrorista, o Decreto n. 4.269, assinado pelo presidente Epitácio Pessoa, atuava de forma semelhante às legislações relativas ao tema. Ele regulamenta a prisão de pessoas envolvidas em atividades com fim de subverter a ordem social, como a explosão de bombas, depredação, incêndio e homicídio.

O mesmo decreto permitia que o governo fechasse por tempo indeterminado espaços considerados nocivos para a ordem pública, como associações e sindicatos. Presos políticos, sobretudo anarquistas, também eram enviados para a Colônia Penal de Clevelândia do

Norte, no Amapá, um campo de concentração que ficou conhecido como "Inferno Verde", para onde também eram enviadas pessoas consideradas loucas (Samis, 2019).

Durante a ditadura civil-militar (1964-1985), o principal instrumento de combate ao terrorismo era a Lei de Segurança Nacional, destinada à preservação da segurança interna e externa por meio da repressão à "guerra revolucionária ou subversiva". Essa era definida como "conflito interno, geralmente inspirado em uma ideologia ou auxiliado do exterior, que visa à conquista subversiva do poder pelo controle progressivo da nação". A lei ficou em vigor até 2016, quando foi substituída pela Lei Antiterrorismo.

A Constituição Federal de 1988 menciona a palavra terrorismo duas vezes, no artigo 4º – que repudia o terrorismo e o racismo e cita como princípios fundamentais a prevalência dos Direitos Humanos, a concessão de asilo político e solução pacífica de conflitos –, e no 5º artigo do Capítulo I, referente a direitos individuais e coletivos. Terrorismo, tortura, tráfico ilícito de entorpecentes e drogas afins são considerados crimes insuscetíveis de graça ou anistia. Classificados como crimes hediondos, são também inafiançáveis.

O mesmo artigo afirma que também constitui crime inafiançável e imprescritível a ação de grupos armados, civis ou militares, contra a ordem constitucional e o Estado democrático. A punição para atos de terrorismo também está prevista na Lei 12.850, que define organizações criminosas e dispõe sobre as investigações para esse tipo de delito. Segundo o texto, a lei também pode ser aplicada "às organizações terroristas internacionais, reconhecidas segundo as normas do direito internacional, por foro do qual o Brasil faça parte, cujos atos de suporte ao terrorismo, bem como os atos preparatórios ou de execução de atos terroristas, ocorram ou possam ocorrer em território nacional".

Por fim, o Brasil possui, desde 2016, um dispositivo específico para punir atos de terrorismo. Trata-se da Lei 13.260, aprovada no apagar das luzes do governo Dilma Rousseff. O texto define que terrorismo consiste na prática de "atos cometidos com a finalidade de provocar terror social ou generalizado, expondo a perigo pessoa, patrimônio, a paz pública ou a incolumidade pública, motivados por razões de xenofobia, discriminação ou preconceito de raça, cor, etnia e religião".

A lei brasileira "não se aplica à conduta individual ou coletiva de pessoas em manifestações políticas, movimentos sociais, sindicais, religiosos, de classe ou de categoria profissional". Por causa desse inciso, os participantes dos atos golpistas de 8 de janeiro não foram indiciados com base na Lei Antiterrorismo. Desde então, juristas e parlamentares debatem possibilidades de mudanças nessa lei para que motivações políticas sejam incluídas no texto.

A LEI NÃO É PACIFICAÇÃO

Em uma entrevista concedida em 1977,[19] Michel Foucault afirmou que as pessoas concedem sua adesão ao Estado, aceitando os impostos, a hierarquia e a obediência em troca da promessa de segurança, de que poderão viver em paz dentro das fronteiras de seu território. Em contrapartida, o governo deve intervir em todos os casos em que a trama da vida cotidiana é rompida por um acontecimento excepcional. O problema colocado pelo terrorismo é que ele rompe o disfarce do governante de garantir às pessoas que nada lhes acontecerá.

---

19. Publicado no Brasil no volume VI da Coleção *Ditos & Escritos* (Foucault, 2010).

Os indivíduos são atingidos não apenas no corpo, mas na sua crença nas instituições.

Sendo o terrorismo, nas palavras do filósofo, "a luta antiestatal, a luta violenta contra o Estado", nenhum partido, líder político ou candidato ao governo pode deixar de condená-lo, porque a relação do Estado com a população se faz, essencialmente, no que chama de "pacto de segurança". A única exceção, na qual o terrorismo teria alguma aceitabilidade, seria quando atrelado ao nacionalismo. Conforme verificamos, era esse o tom das resoluções das Nações Unidas na época da entrevista. A luta armada ainda era tratada pela ONU e seus signatários como legítimas quando praticadas como expressão de uma nacionalidade que não possuía independência e nem estruturas de Estado, mas planejava obtê-las por meio das ações armadas. Atualmente, essa excepcionalidade não existe mais.

Naquele momento o filósofo observou que essa aceitabilidade não se estendia às ações praticadas em nome de uma classe, um grupo político, uma vanguarda ou um grupo marginal. A leitura das resoluções da ONU a respeito do tema, 40 anos mais tarde, mostra como as coisas caminharam mais nessa direção, em consonância com o argumento sobre o Estado e a segurança. A ressalva sobre o uso da força para movimentos de independência deu lugar à condenação, prevenção e eliminação de *todas* as formas de terrorismo nos documentos aprovados a partir de meados da década de 1980.

Tanto na legislação internacional quanto na brasileira, há um esforço maior de explicitar a forma como os atos considerados terroristas serão investigados e punidos do que estabelecer uma definição de terrorismo. No limite, qualquer crime comum, com ou sem vítimas, poderá ser assim qualificado dependendo da interpretação de quem pune em relação a quem o pratica. Ou seja, como instituições do Estado interpretarão o uso ilegítimo da força por agentes não estatais.

Se, historicamente, o termo está relacionado a movimentos políticos, o que se verifica olhando em retrospecto a produção de dispositivo jurídicos para seu combate é que a noção de terrorismo está mais relacionada à ilegitimidade da ação armada do que quem é atingido por esses atos – civis ou vidas inocentes, para o usar um termo mais midiático. É isso que, no fim, distingue o que é uma ação *legítima* praticada por um exército de um país de um *ataque terrorista* praticado por um grupo paramilitar. Não há moralidade em nenhuma dessas ações, mas a classificação do inimigo como terrorista pela comunidade internacional confere licença para a barbárie inerente à guerra oficial, conduzida pelas forças do Estado, na qual as *vítimas inocentes* dos atentados terroristas dão lugar *baixas colaterais* das ofensivas regulamentadas pelo direito de guerra.

A esse respeito, é sempre oportuno retomar a discussão sobre guerra e paz do curso "Em defesa da sociedade", ministrado em 1976 no Collège de France. Invertendo a proposição do teórico do totalitarismo Carl Von Clausewitz (1955), para quem a guerra não é somente um ato político, mas a continuação da política por outros meios, Foucault propõe que o poder é a guerra e a política é a guerra continuada por outros meios. Isso significa dizer que o poder político nas sociedades ocidentais tem como ponto de ancoragem uma certa relação de forças estabelecida na guerra e por ela. No interior da paz civil, o poder teria como função inserir a guerra nas instituições, nas desigualdades econômicas, *na linguagem*, nos corpos. As modificações das relações de forças deveriam ser interpretadas apenas como continuação da guerra – e na guerra a decisão final só pode vir dela mesma, de uma prova de forças em que as armas serão juízes (Foucault, 1999).

Foi a guerra quem presidiu o nascimento dos Estados: o direito, a paz e as leis nasceram "no sangue e na lama das batalhas", dos massacres, das cidades incendiadas, das mortes dos inocentes. Contudo, seria um erro imaginar que a legalidade é o oposto dos massacres, pois, para Foucault, "a guerra é o motor das instituições da lei e da ordem: a paz, na menor de suas engrenagens, faz surdamente a guerra". A batalha que perpassa a sociedade inteira é perpétua e coloca uns contra os outros. "Não há sujeito neutro. Somos forçosamente adversários de alguém".

CONSIDERAÇÕES FINAIS

A disputa em torno da palavra terrorismo é uma disputa de legitimidade. Trata-se de quem tem direito a usar a força e quem deve ser punido por tê-lo feito de forma ilegal, na tentativa de alterar, por meio do uso da força, a ordem constitucional ou a integridade do território de um Estado. As duas situações tematizadas neste artigo sintetizam os desafios do Brasil envolvendo a questão do terrorismo. No plano interno, a tentativa de golpe de Estado; no externo, a guerra entre uma nação legitimamente constituída e um grupo paramilitar que tenta se constituir como Estado por meio das armas.

Ainda é cedo para saber que rumos o governo brasileiro irá tomar da pressão por endurecimento em relação ao terrorismo dentro e fora de casa. No plano externo, tudo indica que o Itamaraty deve manter a tradição de neutralidade, assinar todos os acordos de prevenção ao terrorismo e seguir condenando verbalmente essas práticas, como é obrigatório a todo governo. No plano doméstico, uma série de projetos de lei visando endurecer a Lei Antiterrorismo e incluir os movimentos sociais como agentes estão atualmente em tramitação. Para além disso, o que deve ser observado de agora em diante é um investimento cada vez maior em vigilância e outras formas de punição.

REFERÊNCIAS

ALBORNOZ, M. Uma aproximação ao problema do anarquismo e a prática do atentado na Argentina. *Verve*, São Paulo, v.24. p.110-139, 2013.

CAMPEDELLI, A. C. *Terrorismo, libertação nacional e proibição de ataques contra civis*: cláusulas de exclusão de aplicação da convenção ampla sobre terrorismo das Nações Unidas. Monografia (Bacharelado em Direito) – Universidade de Brasília, Brasília, 2011.

DAVIS, A. Y. *A democracia da abolição*: para além do império, das prisões e da tortura. Rio de Janeiro: Difel, 2009.

FOUCAULT, M. A segurança e o Estado. *In*: *Ditos & Escritos*. V. VI. Rio de Janeiro: Forense Universitária, 2010.

FOUCAULT, M. *Em defesa da sociedade*: curso no Collège de France (1975-1976). São Paulo: Martins Fontes, 1999.

FRANCE PRESSE. Atentado na Noruega poderia ter sido evitado pela polícia, diz comissão. *G1*, 13 ago. 2012. Disponível em: https://g1.globo.com/mundo/noticia/2012/08/atentado-de-oslo-poderia-ter-sido-evitado-e-breivik-detido-antes.html. Acesso em: 21 out. 2023.

MONTEIRO, F. P. O anarquista terrorista na imprensa escrita no século XIX. *Temporalidades*, v. 1, n. 2, p. 202-222, ago./dez. 2009.

PANHO, I. A.; AGUIAR, S. Deputados querem que governo Lula classifique Hamas como "organização terrorista". *O Estado de S. Paulo*, 11 out. 2023. Disponível em: https://www.estadao.com.br/politica/deputados-querem-governo-federal-hamas-organizacao-terrorista-guerra-israel-nprp/. Acesso em: 17 out. 2023.

RAPOSO, Á. C. Terrorismo e contraterrorismo: desafio do século XXI. *Revista Brasileira de Inteligência*, Brasília, v. 3, n. 4, set. 2007.

SAMIS, A. *Clevelândia*: anarquismo, sindicalismo e repressão política no Brasil. São Paulo: Entremares; Intermezzo, 2019.

SANTOS, V. T. dos. *Italianos sob a mira da polícia*: vigilância e repressão no estado de São Paulo (1924-1945). São Paulo: Humanitas, 2008.

TEIXEIRA, C. G. P. *O pensamento neoconservador em política externa nos Estados Unidos*. São Paulo: Editora Unesp, 2010.

WOODCOCK, G. *Anarquismo*: uma história das ideias e movimentos libertários – V. 2: O Movimento. Porto Alegre: L&PM Editores, 1984.

De volta para o país do futuro II: em busca do *soft power* perdido

Hayle Melim Gadelha

Em artigo de 2017 intitulado "A diplomacia do futuro e a alcunha do passado: o mito do *soft power* brasileiro", argumentei que, embora nós brasileiros nos víssemos como uma superpotência de poder brando, as evidências indicavam que nossos recursos tradicionais de poder coercitivo excediam nosso estoque de influência reputacional. Concluí aquele texto ponderando que:

> a superação de antigos passivos sociais e econômicos aliada a intenso e planejado trabalho de comunicação podem elevar o Brasil a lugar condizente com sua grandeza no cenário internacional. Uma diplomacia moderna, flexível, adaptada e integrada à sociedade de redes da era informacional conferirá ao país o *soft power* necessário para participar ativamente da conformação de um mundo melhor, mais feliz, justo e livre. E poderá deixar

no passado a simpática e persistente alcunha, criada pelo olhar estrangeiro, de país do futuro (Gadelha, 2017).

Naquele momento em que a unipolaridade norte-americana se dissolvia em uma ordem de contornos ainda pouco definidos, almejávamos certa liderança em um sistema multipolar baseado em regras equilibradas e favoráveis ao desenvolvimento dos países emergentes. Desde então, reduzimos nosso peso econômico, de 7ª para 11º (World Bank, 2022), e populacional, de 5º para 7º (World Bank, 2022), enquanto aumentamos nosso poderio militar relativo, de 24º para 12º (Global Firepower, 2023). Ao fim do governo Dilma Rousseff (2011-2016), o Brasil que sediara a Copa do Mundo de 2014 e as Olimpíadas de 2016 ocupava a 24ª posição no ranking *Soft Power 30* e a 22ª no *Monocle Soft Power*. Geralmente de vida curta, aqueles experimentos de mensuração foram interrompidos. O *Global Soft Power Index* (de fevereiro de 2023), de metodologia comparável, mostra-nos na 31ª colocação (Brand Finance, 2023). Em comum, essas listas convergem em apontar uma tendência recente de declínio da influência brasileira e em identificar os mesmos pontos fortes e fracos de nossa imagem nacional. A falha proteção ambiental, a corrupção, o desprezo pelos direitos humanos, a desigualdade e a violência minam a credibilidade de qualquer tentativa de vender o país como uma nação desenvolvida. Por outro lado, a riqueza cultural constituiu, historicamente, o principal fator para que nos tornássemos conhecidos e reconhecidos como capazes de aportar à comunidade internacional (Gadelha, 2023).

Em meados do último século, a partir de contribuições como a arquitetura moderna, a bossa nova e a arte concreta, combinadas com expressivo crescimento econômico, deixamos para trás a imagem de um latifúndio monocultor escravista. Já nos anos 1990, as políticas exteriores de "renovação de credenciais" e "autonomia pela participação" (Fonseca Jr., 1998) e o papel proeminente nas agendas de desenvolvimento, de direito humanos e ambiental – inclusive sediando a Rio 92 e a Rio+20 – permitiram ao país não só afirmar seu peso mas sua vontade e faculdade de tomar parte na definição das pautas globais. No Brasil dos primeiros mandatos do presidente Luiz Inácio Lula da Silva (2003-2010), atribuiu-se prioridade à inclusão social; a até então marginalizada população negra ocupou o centro das políticas públicas; e sobressaiu uma cultura popular diversa, que ecoava a concepção diplomática "ativa e altiva" (Amorim, 2015) de um mundo polifônico. Enquanto o ministro da Cultura Gilberto Gil (en)cantava no plenário das Nações Unidas (Gil, 2021), o Brasil sediava megaeventos esportivos e era percebido como o grande país emergente atento aos princípios democráticos, aberto aos investimentos e com a visão de um mundo sem fome, pacífico e equânime.

As sucessivas crises econômicas, políticas, sociais – e mais recentemente sanitária e civilizatória – deslocaram o espaço do Brasil na governança e no imaginário internacionais. O descompasso entre, de um lado, os valores e normas predominantes no concerto das nações e, de outro, a política, a diplomacia e a projeção cultural dos últimos anos excluiu o governo brasileiro dos círculos decisórios e tornou o país um pária aos olhos da opinião pública. O rebaixamento do Ministério da Cultura a secretaria e o desmantelamento da Lei Rouanet apartaram a classe artística do Estado. Diante da iconografia de covas a céu aberto para as vítimas da gestão da Covid-19, queimadas recordes na Amazônia e crescente pobreza e intolerância, pode até surpreender que não tenhamos perdido ainda mais posições nos rankings de *soft power*. Ao contrário de grifes de cosméticos ou produtos alimentícios, porém, as reputações nacionais são cimentadas ao longo de séculos, e as percepções que as compõem decorrem de um sem-número de interações e informações que recebemos acerca de cada Estado. Se até a República Velha associava-se o Brasil a poucos produtos primários de exportação, o país firmou-se há tempos como relevante em diferentes campos, destacadamente no da produção cultural.

O Festival do Futuro, que festejou a posse do presidente Lula, deu o tom e a cara do Brasil de 1º de janeiro de 2023 em diante: um país ecumênico, inclusivo, colorido e sofisticado (Gadelha, 2023). A restauração do Ministério da Cultura, sob a figura representativa de Margareth Menezes e com o orçamento mais alto de sua história, e a reparação de órgãos-chave, como Funarte, Iphan, Biblioteca Nacional, Ancine, Fundação Zumbi dos Palmares e Fundação Casa de Rui Barbosa, devolveram ares de normalidade ao sistema cultural. No *front* externo, colhemos alguns frutos alvissareiros. Em 2023, o Brasil conquistou, pela primeira vez, o Leão de Ouro na Bienal de Arquitetura de Veneza. Assim como haviam logrado Lucio Costa e Oscar Niemeyer com o pavilhão da Exposição Universal de 1939 em Nova York, o projeto de Gabriela de Matos e Paulo Tavares dialogou com valores contemporâneos prevalecentes na comunidade das nações e propôs utopias de futuro com selo brasileiro. O regime de Vargas conseguiu, com o incentivo à estética modernista, seu "passaporte para o amanhã" (Williams, 2001); o governo Lula 3 viu no resgate das tradições ameríndias e afro-brasileiras a receita para revelar ao mundo a nossa contribuição, na forma de pluralidade e tolerância, para a justiça social e a sustentabilidade ambiental.

O Brasil foi o país homenageado pelo Mercado de Indústrias Culturais da Argentina. Margareth Menezes encabeçou comitiva institucional que acompanhou 90 empreendedores culturais selecionados por edital do Ministério da Cultura. Produtores, editores, artistas de todos os estados do país, muitos dos quais nunca haviam viajado ao exterior, fecharam negócios com contrapartes argentinas e internacionalizaram as novas faces da arte brasileira. No mesmo sentido, o Itamaraty vem apoiando, por meio do programa Brasil em Sabores, campanha de gastrodiplomacia que enfatiza os aspectos de solidariedade, sustentabilidade e ancestralidade de nossa culinária, de maneira a aproximar o país das sociedades estrangeiras (Gadelha, 2023). Em visita presidencial à China, foi assinado acordo de fomento do audiovisual televisivo que garante tratamento nacional, mecanismos de incentivo e cotas de exibição para coproduções, o que abre espaço no tradicionalmente fechado e disputado mercado chinês. Em Lisboa, o Ministério da Cultura retomou, depois de seis anos, os aportes governamentais (de 1 milhão de euros) ao programa CPLP Audiovisual, para promover a cooperação e o intercâmbio cultural entre os países lusófonos, e firmou protocolo de financiamento de coproduções com Portugal.

Ademais, o filme luso-brasileiro *A Flor do Buriti*, sobre a história de resistência da comunidade indígena dos Krahôs, recebeu o prêmio de Melhor Equipe no Festival de Cannes, na mostra Um Certo Olhar. *Levante*, que trata do aborto como um direito humano, foi eleito o Melhor Filme de Estreia na mostra paralela do festival. Apoio conjunto do Ministério da Cultura, do Itamaraty e da Apex permitiu a presença robusta do país no Marché du Film de Cannes, com o mote "O Brasil Voltou". A visibilidade da luta pelos direitos indígenas marcou o festival, por onde passaram o cacique Raoni e Sonia Guajajara, a titular do recém-fundado Ministério dos Povos Indígenas. A Bienal de São Paulo, segunda do mundo (depois de Veneza) e possivelmente o mais cosmopolita dos eventos culturais brasileiros, exibiu 80% de artistas não brancos no parque do Ibirapuera. O Brasil assumiu as presidências *pro tempore* do Grupo de Trabalho de Cultura do G-20 e do Mercosul Cultural, esta encerrada em novembro, no coração da Amazônia, Belém do Pará, com o Mercado de Indústrias Culturais do Brasil, retribuindo homenagem à parceira estratégica Argentina.

Como se vê, em muitos sentidos, o Brasil da década passada voltou, e seu reservatório de *soft power* recupera-se. O mundo, por sua vez, mudou. Faz tempo que a China se consolidou como superpotência mundial, como nosso maior parceiro comercial e, também, como nosso principal concorrente nos mercados da América Latina. Ela também disputa com os Estados Unidos áreas de influência. Em meio à rivalidade de nossos sócios, podemos, por ora, extrair ganhos das relações com todas as regiões. Retomamos, no cenário atual, relevância geoestratégica, porquanto somos atores inescapáveis nas críticas agendas de segurança climática, energética e alimentar. Reunimos, outra vez, credibilidade para apresentar-nos como interlocutor confiável e apto a estender pontes entre ricos e famintos, ocidentais e emergentes, industrializados e periféricos. Superados os anos de medievo extemporâneo, já há quem nos veja, novamente, como "o país do futuro", apodo octogenário cunhado pelo austríaco Stefan Zweig.

O Brasil parece estar em condições de reaver marcas valiosas, associadas a inclusão, fraternidade e pluralidade. Para tanto, é necessário, primeiro, interpretar o mundo que se desenha, estabelecer as prioridades de nossa diplomacia cultural, inventariar recursos de poder e, então, lançar mão da nossa força simbólica para ajudar a forjar uma ordem que vá ao encontro de nossos valores e interesses nacionais. O momento é favorável para que o Brasil participe não apenas anuindo, mas antes colaborando efetivamente na definição das pautas que determinarão os rumos da humanidade.

Portanto, é hora de voltarmos a apostar na cultura para elevar nossa posição, internacionalizar nossa produção e influenciar as agendas multilaterais. Nosso setor cultural, que responde por mais de 3% do PIB (Itaú Cultural, 2023), já deu provas da vocação para transformar o lugar do Brasil no mundo. A centralidade finalmente conferida aos povos originários – agora dotados de um Ministério – nas políticas culturais legitima o esforço de repaginar-se como uma potência ambiental, de maneira análoga ao papel que as políticas de inclusão racial e de combate à fome – com a criação das respectivas pastas em 2003 – cumpriram para a reputação de um país comprometido com o desenvolvimento igualitário. Conforme o presidente proclamou ante a Assembleia-Geral da ONU, "o mundo inteiro sempre falou da Amazônia. Agora, a Amazônia está falando por si" (Planalto, 2023). Se noutras épocas buscávamos credenciais para ingressar no pequeno clube que define as regras internacionais, o projeto nacional de valorização das florestas e dos povos que as habitam, representado pela ministra Marina Silva, é instrumental para conquistarmos protagonismo na concepção de um modelo que assegure a sobrevivência mesmo da espécie. O projeto de uma "potência verde" sobrevém, necessariamente, políticas públicas ousadas que logrem aproveitar a melhor vantagem comparativa de que o país dispõe: sua capacidade de formular e exportar um modelo de desenvolvimento que contemple todos os aspectos da sustentabilidade (Gadelha, 2022), tema fundamental em que se demanda liderança brasileira.

O *soft power* em que nos apoiamos no passado, como visto, jamais suplantou nosso poder econômico e militar. E as associações em que nos amparamos, por sua vez, nem sempre se reverteram nos dividendos políticos e comerciais esperados, já que, não raro, remetiam a uma imagem decorativa (Buarque, 2022). Depois de um ano de mais acertos que tropeços, de soerguimento institucional e de amadurecimento político, é preciso levar adiante agenda proativa e positiva e converter o simbolismo da ministra em resultados que correspondam aos interesses da sociedade brasileira. Assim, ao passo em que devemos beneficiar-nos da potente reputação cultural já construída – amplificada pelas mensagens de sustentabilidade e incorporação real das populações originárias –, é necessário, também, mitigar percepções negativas persistentes. Devem-se organizar os esforços de diplomacia pública em torno de objetivos determinados por um consenso social que subsista a mandatos eleitorais.

O Brasil voltou, com anseio de um presente há muito ofuscado pela miragem de um porvir inalcançado. Em meio às atuais circunstâncias, promissoras e desafiadoras, acredito, tal como em meados da última década, que

> a superação de antigos passivos sociais e econômicos aliado a intenso e planejado trabalho de comunicação podem elevar o Brasil a lugar condizente com sua grandeza no sistema internacional. Uma diplomacia moderna, flexível, adaptada e integrada à sociedade de redes da era informacional conferirá ao país o *soft power* necessário para participar ativamente da conformação de um mundo melhor, mais feliz, justo e livre. E poderá deixar no passado a simpática e persistente alcunha, criada pelo olhar estrangeiro, de país do futuro (Gadelha, 2017).

REFERÊNCIAS

AMORIM, C. *Teerã, Ramalá e Doha*: memórias da política externa ativa e altiva. São Paulo: Benvirá, 2015.

BRAND FINANCE BRANDIRECTORY. *Global Soft Power Index*. 20 ago. 2023. Disponível em: https://brandirectory.com/softpower/. Acesso em: 30 jan. 2024.

BUARQUE, D. *O Brazil é um país sério?* São Paulo: Pioneira, 2022.

FONSECA JR., G. *A legitimidade e outras questões internacionais*. São Paulo: Paz e Terra, 1998.

GADELHA, H. A diplomacia do futuro e a alcunha do passado: o mito do soft power brasileiro. *In*: WESTMANN, G. (org.). *Novos olhares sobre a política externa brasileira*. São Paulo: Contexto, 2017.

GADELHA, H. Quem te viu, quem te verde: não basta ser sustentável, é preciso projetar-se. *Revista Interesse Nacional*, ano 15, n. 59, out.-dez. 2022.

GADELHA, H. A cara do Brasil no Festival do Futuro. *Interesse Nacional*, 14 fev. 2023a. Disponível em: https://interessenacional.com.br/edicoes-posts/hayle-melim-gadelha-a-cara-do-brasil-no-festival-do-futuro/. Acesso em: 30 jan. 2024.

GADELHA, H. Mentes, corações e estômagos. *Interesse Nacional*. 29 mar. 2023b. Disponível em: https://interessenacional.com.br/edicoes-posts/hayle-melim-gadelha-mentes-coracoes-e-sstomagos/. Acesso em: 30 jan. 2024.

GADELHA, H. Influentes, quem, cara-pálida? *Interesse Nacional*, 10 maio 2023c. Disponível em: https://interessenacional.com.br/edicoes-posts/hayle-melim-gadelha-influentes-quem-cara-palida/. Acesso em: 30 jan. 2024.

GIL, Gilberto. Show da Paz Gilberto Gil na ONU. YouTube, 21 fev. 2021. 24min17s. Disponível em: https://www.youtube.com/watch?v=oBfge59y3r4. Acesso em: 30 jan. 2024.

GLOBAL FIREPOWER. *2023 Military Strenght Ranking*. Disponível em: https://www.globalfirepower.com/countries-listing.php. Acesso em: 30 jan. 2024.

ITAÚ CULTURAL. *PIB da economia da cultura e das indústrias criativas*: a importância da cultura e da criatividade para o produto interno bruto brasileiro. São Paulo: Itaú Cultural, 2023.

PLANALTO. *Discurso do presidente Luiz Inácio Lula da Silva na abertura da 78ª Assembleia da ONU*. 19 set. 2023. Disponível em: https://www.gov.br/planalto/pt-br/acompanhe-o-planalto/discursos-e-pronunciamentos/2023/discurso-do-presidente-luiz-inacio-lula-da-silva-na-abertura-da-78a-assembleia-da-onu. Acesso em: 30 jan. 2024.

WILLIAMS, D. *Culture of Wars in Brazil*. Durham: Duke University Press, 2001.

WORLD BANK DATA. The World Bank. 2022. Disponível em: https://data.worldbank.org/indicator/NY.GDP.MKTP.CD?most_recent_value_desc=true. Acesso em: 30 jan. 2024.

A volta "do cara": a simbiose entre as imagens do país e do presidente

Daniel Buarque

Apenas duas semanas após sair vitorioso em uma das eleições mais polarizadas e disputadas da história do país, e antes mesmo de tomar posse e assumir as rédeas do que chamaria de "volta" do Brasil ao cenário global, Luiz Inácio Lula da Silva foi recebido como um astro do rock na Cúpula do Clima em Sharm El-Sheikh, no Egito. Em dois discursos separados, o brasileiro foi acompanhado por um público "repleto de admiradores gritando 'Lula! Lula!' e sacudindo as paredes do local da conferência com seus aplausos" (Spring; James, 2022). Seis meses depois de assumir o poder, a imagem do presidente, sorrindo diante de uma multidão que aplaudia seu discurso em defesa da Amazônia durante um festival de música em Paris, parecia confirmar que Lula realmente havia voltado a ser uma estrela internacional (Soares, 2023).

O primeiro ano do governo Lula, de fato, teve um grande foco na tão repetida ideia do retorno do país à cena global. Além dos eventos em que era aplaudido como herói, o presidente também participou ativamente de dezenas de encontros com líderes estrangeiros e cúpulas globais. A agenda intensa de Lula fora do Brasil fez com que ele batesse o recorde de número de países visitados por um presidente nos primeiros meses de governo (Prazeres, 2023). Enquanto promovia no mundo a ideia de que o Brasil voltava a marcar presença na política internacional, o presidente acabava também projetando sua própria imagem como personagem fundamentalmente ligada ao país.

A diplomacia presidencial é um tema tradicional na análise de relações exteriores de líderes populares, e foi muito presente nos estudos sobre a política externa brasileira desde a redemocratização. Além disso, a simbiose entre as imagens de um país e do seu líder é tradicionalmente reconhecida como um dos processos históricos de busca por reputação internacional (Cull, 2023). E não é algo totalmente novo no caso de Lula e do Brasil. O presidente foi várias vezes apontado como sendo um dos principais responsáveis pela percepção global de "ascensão" brasileira na primeira década do século 21. Em seus primeiros mandatos, não foram raras as vezes em que Lula também era visto como uma referência global e recebeu aplausos de plateias empolgadas. O presidente promovia o país como um "líder de torcidas", e acabava se destacando junto com o Brasil (Buarque, 2013).

Mas essa fusão também teve um lado negativo para Lula. Assim como a imagem do Brasil perdeu força e se afundou enquanto o país passava por sucessivas crises econômicas e políticas, a reputação de Lula também naufragava em meio a acusações de corrupção que levaram à sua prisão (Buarque, 2018).

Essa associação entre a recuperação da imagem internacional do país e a reabilitação da reputação do próprio presidente parece indicar que, para Lula, a "volta" do Brasil ao mundo a partir de 2023 não é uma mera questão de política externa e diplomacia. É também, uma questão pessoal. Trata-se não apenas de levar o país de volta a uma posição de destaque, mas de recuperar a própria imagem do ex-presidente que conseguiu dar a volta por cima e se consagrar ao alcançar um terceiro mandato. Uma "fênix" renascida das cinzas, como alguns aliados tentariam argumentar. Por trás dessa "volta" do Brasil, há a volta do líder que um dia foi chamado de "o cara".

O POLÍTICO MAIS POPULAR DO MUNDO, DE NOVO

Em abril de 2009, quase dois anos antes de terminar seu segundo mandato, Lula ganhou um apelido que resumia o seu perfil de "popstar" da política internacional naquele momento, e que se tornaria uma marca da sua imagem: "Ele é o cara", disse o então presidente norte-americano Barack Obama ao encontrar o brasileiro durante almoço que fez parte da reunião de líderes do G-20, em Londres. "Eu adoro esse cara! É o político mais popular do mundo", completou o americano (Netto, 2009). Durante a primeira década do século, a imagem de Lula estava intimamente atrelada à narrativa de que o Brasil se tornava um país mais importante no mundo, com avanços na economia e em políticas sociais, ganhando voz ativa e acreditando na ampliação do seu prestígio (Buarque, 2013).

Posteriormente, Lula saiu do poder, vieram a crise econômica, a crise política, a operação Lava Jato, o impeachment de Dilma Rousseff e, de forma mais cruel para aquele "político mais popular", a acusação de corrupção, a condenação e a prisão. Assim como o prestígio brasileiro no mundo afundou com o desastre da política externa do governo de Jair Bolsonaro, liderada por um chanceler que declarou publicamente que seria aceitável transformar o Brasil em um pária internacional (Della Coletta, 2020), a imagem do seu principal "cheerleader" nos anos 2000 também mergulhou na lama. E um dos principais símbolos disso foi o registro do mesmo Obama em sua autobiografia, alegando ter ficado impressionado com o brasileiro, mas que depois tinha ficado sabendo de relatos de que ele havia se envolvido em grandes escândalos de corrupção (Obama, 2020). "O cara" não tinha mais lugar na política no Brasil nem no resto do mundo.

Após uma sequência de reviravoltas jurídicas e políticas, o cenário mudou novamente. Depois de o país amargar uma perda de prestígio vertiginosa, Lula foi solto, teve seus direitos políticos restaurados e voltou à cena nacional, candidatando-se mais uma vez à Presidência. Eleito em 2022, declarou que "o mundo sente saudade do Brasil", e que, com ele, o país iria "voltar" (Lula da Silva, 2022).

O trabalho para concretizar isso ficou evidente antes mesmo da sua posse, quando viajou para a COP no Egito e foi recebido com o mesmo tratamento de popstar que tinha durante seus dois primeiros mandatos. Ao assumir a Presidência, teve início um evidente trabalho de reconstrução de laços diplomáticos e de projeção positiva do país no exterior.

A "volta" do país ao cenário global se tornou um tema frequente das discussões sobre a mudança no Planalto. O próprio ministro das Relações Exteriores, Mauro Vieira, descreveu esse objetivo como o princípio básico do novo governo. "Eu diria que a doutrina de Lula é restaurar a imagem do Brasil e suas relações – não apenas com nossos vizinhos latino-americanos, mas também restaurar a presença do Brasil no mundo, em todos os tipos de palcos mundiais, sejam eles bilaterais ou multilaterais", disse Vieira. O chanceler argumentava que, durante o governo de Bolsonaro, o país interrompeu sua tradição diplomática de ser uma nação aberta a todos os interlocutores, independentemente de suas posições ideológicas, e de manter contato, negociar e dialogar. Lula "me disse para reconstruir todas as pontes e todos os canais de comunicação que haviam sido destruídos", explicou (Winter, 2023).

Isso ficou claro na forma como Lula se relacionou com o resto do mundo logo após retornar ao cargo. Até o fim do ano, o presidente fez 15 viagens internacionais, visitou 24 países e passou 62 dias fora do Brasil. Boa parte das agendas no exterior do petista foi para fóruns multilaterais, como o G-7 no Japão, a reunião dos chefes de Estado do Mercosul na Argentina, a cúpula do Brics na África do Sul, o G-20 na Índia e a Assembleia-Geral da ONU nos EUA (Poder 360, 2023a; Seabra, 2023). Esse trabalho de promoção da imagem nacional incluiu o plano de lançar uma TV do Brasil no exterior, a fim de divulgar "coisas do Brasil" (Góes, 2023).

Essa intensa agenda internacional custou ao país mais de R$ 7 milhões. Somente nos primeiros seis meses de mandato, Lula visitou: Argentina, Uruguai, Estados Unidos, China, Emirados Árabes Unidos, Portugal, Espanha, Reino Unido, Japão, Itália, Vaticano e França. Lula reuniu-se com mais de 30 chefes de Estado e foi recebido, por exemplo, pelos presidentes Joe Biden (Estados Unidos), Xi Jinping (China) e Emmanuel Macron (França), e pelos primeiros-ministros Rishi Sunak (Reino Unido) e Fumio Kishida (Japão) (Alves, 2023; Machado; Holanda, 2023; Mazui; Rodrigues, 2023; Poder 360, 2023a).

SONHO DO NOBEL

Por mais que todo o discurso fosse sobre a volta do país, entretanto, não era difícil de perceber que a campanha para a recuperação da imagem brasileira era também um projeto para reabilitar a reputação internacional do próprio Lula. Ao reassumir o poder e priorizar o discurso de "volta", ele buscava os holofotes do mundo para tentar restabelecer seu perfil de importante liderança internacional, tentando trazer de volta seu status de principal impulsionador do Brasil na política internacional (Zeitel, 2023). Desde que foi eleito e antes mesmo de tomar posse, Lula se mostrava confiante de que iria limpar seu nome pelo mundo (Mazzini, 2022).

Uma das principais evidências de que a campanha para recuperar o prestígio do Brasil estava associada a uma tentativa de promover a imagem do presidente era o que críticos viam como um sonho de Lula de ganhar o prêmio Nobel da Paz. Para muitos, a insistência na agenda de melhorar a imagem do país sugeriria uma "campanha", uma "obsessão" pelo prêmio e uma vontade de se tornar um "novo Mandela" (Almeida, 2023; Livianu, 2023; Polzonoff Jr, 2023; Traumann, 2023).

A predominância de temas internacionais mesmo em encontros com políticos em Brasília ajudou a criar essa percepção de que o presidente deseja nessa nova fase de sua carreira política chegar ao ápice com algum reconhecimento internacional, dando a impressão de que Lula desejava ser laureado com o Nobel (Poder 360, 2023b).

O próprio PT e o assessor de Lula para assuntos internacionais, Celso Amorim, já defenderam que o presidente fosse premiado por "retirar quase 30 milhões de brasileiros" da pobreza. Em sua volta ao poder, críticos alegavam que Lula focava temas como a defesa dos direitos humanos, da democracia e do meio ambiente, caros ao comitê do Nobel (Marins, 2023; Souza, 2023). Assim que tomou posse, em janeiro de 2023, a ministra do Meio Ambiente, Marina Silva, também tocou no tema e disse que Lula ganharia o prêmio Nobel da Paz quando o Brasil zerasse a taxa de desmatamento no país (Grigori, 2023). Desde o começo do governo, aliados do presidente começaram a aventar a ideia de que Lula teria chances reais de ser indicado ao Nobel a partir de uma iniciativa surgida da comunidade internacional organizada com apoio de membros da ONU como forma de mandar um recado para a extrema-direita e de marcar posição contra a destruição do meio ambiente (Cesar, 2023). E o tema voltou a ganhar força por conta da tentativa brasileira de negociar acordos de paz em conflitos de grande porte, como as guerras na Ucrânia e em Gaza.

Além do esforço internacional, Lula também usa essa reconstrução do seu papel no mundo para apelar à audiência doméstica. Um pronunciamento presidencial exibido na véspera do 7 de Setembro, por exemplo, apresentou os melhores momentos das suas visitas a outros chefes de Estado. Um dos principais mostrava Lula desfilando em um tapete vermelho em Pequim, na China, ao lado de Xi Jinping, diante da praça da Paz Celestial. Uma consultora de comunicação que assessorou Lula identificou no presidente a noção de espetáculo e a criação e interpretação de personagens e associou-o à personagem da fênix após a prisão e a volta ao poder (Zeitel, 2023).

AVANÇOS REAIS

Após os primeiros seis meses no cargo, houve um sentimento de realização dentro do governo, com comemoração pelo aparente resgate do prestígio internacional (Gulart; Roxo; Góes, 2023). Em setembro, Lula fez um balanço dos esforços para reconstruir o prestígio do país até aquele momento, e usou uma linguagem que lembrava bastante os seus mandatos anteriores, com o discurso ufanista sobre o lugar do Brasil no mundo. Ele se disse "muito otimista com o futuro do Brasil" e que o país era "a bola da vez", uma metáfora muito popular nos idos de 2010 para se referir ao sucesso internacional dos seus primeiros governos. De fato, em setembro, Lula voltou de Nova York ao Brasil com um saldo positivo do seu trabalho para recuperar a imagem do Brasil, quando saiu aplaudido da Assembleia-Geral da ONU (Petrovna, 2023).

A volta de Lula ao poder realmente foi acompanhada de uma melhora significativa na imagem do país projetada na imprensa internacional. A eleição dele gerou um aumento imediato na proporção de textos da imprensa estrangeira a mencionar o Brasil com tom positivo, ampliando a cobertura favorável ao país, de acordo com o levantamento do Índice de Interesse Internacional (iii-Brasil), que monitora sistematicamente as menções ao país em sete veículos da imprensa internacional a fim de avaliar a visibilidade e o tom da cobertura sobre o país no resto do mundo (Buarque e Mariutti, 2023).

Ao longo de 2023, a proporção de notícias que tratavam o país com tom positivo na imprensa estrangeira foi de 24%, nove pontos percentuais a mais do que no ano anterior. Já as reportagens que usavam tom negativo caíram igualmente nove pontos percentuais em comparação com 2022, chegando a 26%, segundo uma compilação de dados do iii-Brasil.

Grande parte dessa cobertura sobre política relacionada ao Brasil estava associada diretamente à imagem do presidente. Em uma das principais evidências disso, Lula foi incluído na lista das cem pessoas mais influentes de 2023 promovida pela revista americana *Time*. A compilação anual dedicada a líderes globais trazia o brasileiro. Além dele, apareciam o presidente dos EUA, Joe Biden, o primeiro-ministro alemão, Olaf Scholz, e o líder da Colômbia, Gustavo Petro, entre outros. O texto dedicado a Lula foi assinado pelo ex-vice presidente americano Al Gore e descrevia o brasileiro como um "campeão climático" em busca de fortalecer a posição do Brasil no mundo (Gore, 2023).

GRANDES DESAFIOS

Apesar de promover o país e o próprio presidente no resto do mundo, o governo identificou em pesquisas internas um desgaste junto à opinião pública em relação ao número de viagens internacionais de Lula. Um lado positivo era que essas sondagens apontavam que a maioria dos brasileiros considerava que os giros diplomáticos do presidente traziam benefícios para o Brasil e melhoraram a imagem do país no exterior. A avaliação também tinha um viés negativo, pois uma parcela considerável dos entrevistados opinou que Lula deveria viajar menos para fora do país (Seabra, 2023).

Outro aspecto problemático desse trabalho de reconstrução de percepções internacionais é que o Brasil encontrou desafios reais na sua tentativa de voltar a ter um papel relevante no mundo. Com a transformação geopolítica ocorrida desde 2010, quando Lula deixou o poder, e as sérias crises sistemáticas com guerras na Europa e no Oriente Médio, faltava espaço para o Brasil e Lula se destacarem. Isso ficou especialmente evidente na tentativa do Brasil de participar de esforços internacionais de mediação nas questões da Ucrânia e da Faixa de Gaza (Zeitel, 2023). Lula assumiu o governo sob uma enorme boa vontade dos estrangeiros, mas gerou mal-estar por sua posição em relação à Ucrânia, a qual poderia gerar danos diplomáticos (Garman, 2023). Por mais que o Brasil queira "voltar", o ambiente internacional permissivo que permitiu a sua formidável expansão da política externa na década de 2000 não existe mais. Além disso, para Lula pode ser mais difícil promover uma política externa proativa depois dos escândalos de corrupção internacionais revelados pela Lava Jato (Schenoni e Carvalho, 2022).

Também é importante salientar que, embora haja boa vontade e otimismo com Lula, muito disso está associado a uma rejeição a

Bolsonaro, mas o próprio Lula não estava livre das máculas registradas em sua própria imagem nos últimos anos. A bagagem da pena de prisão e da acusação de corrupção tornou-se um grande ponto de preocupação para líderes que podem não querer ser associados aos escândalos passados dele (Fabbro, 2023). Mesmo que boa parte da esquerda global ainda o veja como um grande injustiçado, não é difícil imaginar que a mácula da prisão não desapareceu por completo.

Outra questão é que a agenda internacional do Brasil no novo governo repetiu algumas posturas que não ajudavam a promover a agenda do país em sua busca por reconhecimento. Os movimentos do país nos primeiros meses mostram que o Brasil voltou a se posicionar em cima do "muro" que separa as grandes divisões e disputas geopolíticas de um mundo em crescente polarização. Além de voltar a se colocar como "neutro", como o país que é amigo de todos, defensor da paz, mas que não se compromete com ninguém, e acaba sendo criticado por todos.

Essa estratégia de ficar em cima do muro é usada por países do Sul Global não apenas como uma forma de extrair concessões materiais, mas pelo desejo de evitar ser pisoteado em uma briga entre China, Rússia e Estados Unidos (Spektor, 2023). Entretanto, ficar "em cima do muro" não é bem visto por nenhum dos dois lados, que veem uma oscilação nos posicionamentos do país em política externa e passam a desconfiar permanentemente do Brasil, que pode acabar perdendo com isso. Neste mundo mais polarizado e mais perigoso, a analogia sobre o posicionamento do Brasil em cima do muro pode ser complementada com a percepção de novos riscos. Enquanto as potências brigam, quem tenta se equilibrar de forma equidistante entre elas corre o risco de tomar pedradas dos dois lados.

Uma evidência disso foi o fracasso das tentativas brasileiras de ter um papel de destaque em importantes questões globais. A rejeição da resolução proposta pelo Brasil sobre o conflito entre Israel e o Hamas no Conselho de Segurança das Nações Unidas, por exemplo, foi um claro revés na tentativa brasileira de se mostrar um país com capacidade de mediação de grandes questões da segurança internacional.

Presidente do órgão mais importante da ONU, responsável por questões de guerra e paz, o Brasil estava em uma posição oportuna para ampliar seu status no mundo, revelando uma capacidade de negociação com interesses variados, e de fato chegou a avançar com uma resolução que parecia eficiente ao tratar da defesa dos direitos humanos. O veto norte-americano à proposta brasileira (bem como as abstenções russa e britânica), entretanto, reforçaram a ideia de que as grandes potências não reconhecem a relevância do país em questões importantes de segurança internacional. Visto como um "peão" por esses países que são membros permanentes do Conselho e têm poder de voto, o Brasil foi incapaz de costurar uma resposta que fosse aceita como relevante e tivesse apoio total deles. Mesmo que o país ainda tenha um potencial de *soft power*, sua atuação em questões de segurança global continua limitada.

A atuação de Lula ao longo desse primeiro ano evidencia a vontade de promover o país e a si mesmo no exterior, mas também os desafios desse processo. O mundo está em uma situação de crise, e por mais que haja barreiras, há espaço para atores interessados em buscar soluções para esses problemas.

"VENDA CASADA"

Apesar das muitas evidências da motivação autocentrada para o trabalho internacional do presidente neste primeiro ano do seu terceiro mandato, a experiência passada mostra que o Brasil pode se beneficiar da tentativa de projeção internacional do país associada à imagem de Lula. No passado, quando era chamado de "cheerleader", o presidente de fato conseguiu uma visibilidade e uma reputação inéditas para o país, ajudando a impulsionar a ideia de que o Brasil poderia ter uma voz importante no mundo.

O mais importante para essa retomada de uma agenda que promova essas imagens internacionais é que haja um lastro em resultados. Lula pode até estar pensando somente no Nobel da Paz, mas se conseguir colocar o Brasil como um interlocutor importante para grandes questões globais, isso pode beneficiar o país como um todo. O presidente pode estar focando seu próprio reconhecimento internacional, mas se conseguir avançar na proteção ambiental, pode fazer do Brasil uma potência nessa área e ajudar a reduzir os impactos globais do aquecimento global. Dessa forma, o país e os brasileiros podem se beneficiar muito dessa construção de um novo lugar de destaque para o Brasil no mundo, mesmo que a motivação do presidente seja promover também a sua própria imagem.

REFERÊNCIAS

ALMEIDA, M. de. À sombra dos fuzis. *O Globo*, 28 ago. 2023. Disponível em: https://oglobo.globo.com/opiniao/miguel-de-almeida/coluna/2023/08/a-sombra-dos-fuzis.ghtml. Acesso em: 26 out. 2023.

ALVES, A. R.; OLIVEIRA, E. Em 150 dias de mandato, Lula se encontrará com mais chefes de governo que Bolsonaro em 4 anos. *O Globo*, 23 maio 2023. Disponível em: https://oglobo.globo.com/mundo/noticia/2023/05/em-150-dias-de-governo-lula-se-encontrara-com-mais-chefes-de-governo-que-bolsonaro-em-4-anos.ghtml. Acesso em: 3 jul. 2023.

BUARQUE, D. *Brazil, um país do presente*: a imagem internacional do "país do futuro". São Paulo: Alameda Casa Editorial, 2013.

BUARQUE, D. The Tainted Spotlight – How Crisis Overshadowed Brazil's Public Diplomacy Bet in Hosting Sports Events and Led to a Downgrade of the Country's Reputation. *Revista Trama*, v. 8, n. 3, 2018. Disponível em: https://doi.org/10.5935/2177-5672/trama.v8n3p71-92. Acesso em: 30 jan. 2024.

BUARQUE, D.; MARIUTTI, F. Reverso da fortuna: a volta da boa imagem do Brasil no mundo. *Interesse Nacional*, v. 60, p. 56-62, 2023.

CESAR, D. Aliados enxergam clima para Lula ser indicado a Nobel. *iG*, 7 mar. 2023. Disponível em: https://ultimosegundo.ig.com.br/colunas/daniel-cesar/2023-03-07/aliados-lula-nobel.html. Acesso em: 26 out. 2023.

CULL, N. J. From Soft Power to Reputational Security. *In*: MCKERCHER, B. J. C. (ed.). *The Routledge Handbook of Diplomacy and Statecraft*. 2. ed. Londres: Routledge, 2022. p. 409–419. Disponível em: https://doi.org/10.4324/9781003016625-41. Acesso em: 30 jan. 2024.

DELLA COLETTA, R. Se atuação do Brasil nos faz um pária internacional, que sejamos esse pária, diz Ernesto. *Folha de S. Paulo*, 22 out. 2020. Disponível em: https://www1.folha.uol.com.br/mundo/2020/10/se-atuacao-do-brasil-nos-faz-um-paria-internacional-que-sejamos-esse-paria-diz-chanceler.shtml. Acesso em: 30 jan. 2024.

FABBRO, R. Lula's Out to Get Brazil's Global Mojo Back. *Foreign Policy*, 6 mar. 2023. Disponível em: https://foreignpolicy.com/2023/03/06/lula-brazil-biden-democracy-climate/. Acesso em: 30 jan. 2024.

GARMAN, C. Lula está dilapidando a sua imagem no exterior?. *Valor Econômico*, 2 jun. 2023. Disponível em: https://valor.globo.com/o-brasil-em-60-segundos/post/2023/06/lula-esta-dilapidando-a-sua-imagem-no-exterior.ghtml. Acesso em: 25 out. 2023.

GÓES, B. Governo planeja EBC internacional: "Em viagens, presidente Lula não encontra conteúdo sobre o Brasil", diz ministro. *O Globo*, 17 out. 2023. Disponível em: https://oglobo.globo.com/politica/noticia/2023/10/17/governo-planeja-ebc-internacional-em-viagens-presidente-lula-nao-encontra-conteudo-sobre-o-brasil-diz-ministro.ghtml. Acesso em: 19 out. 2023.

GRIGORI, P. Marina prevê que Lula ganhará Nobel da Paz quando Brasil zerar desmatamento. *Correio Brasiliense*, 4 jan. 2023. Disponível em: https://www.correiobraziliense.com.br/politica/2023/01/5063829-marina-preve-que-lula-ganhara-nobel-da-paz-quando-brasil-zerar-desmatamento.html. Acesso em: 26 out. 2023.

GULARTE, J.; ROXO, S.; GÓES, B. Em seis meses de governo, Lula enfrenta dificuldades com evangélicos e agronegócio e aposta na economia. *O Globo*, 2 jul. 2023. Disponível em: https://oglobo.globo.com/politica/noticia/2023/07/em-seis-meses-de-governo-lula-enfrenta-dificuldades-com-evangelicos-e-agronegocio-e-aposta-na-economia.ghtml. Acesso em: 3 jul. 2023.

LIVIANU, R. Roberto. Democracia relativa? *Poder360*, 4 jul. 2023. Disponível em: https://www.poder360.com.br/opiniao/democracia-relativa/. Acesso em: 26 out. 2023.

LULA DA SILVA, L. I. Leia e veja a íntegra dos discursos de Lula após vitória nas eleições. *G1*, 31 out. 2022. Disponível em: https://g1.globo.com/politica/eleicoes/2022/noticia/2022/10/31/leia-e-veja-a-integra-dos-discursos-de-lula-apos-vitoria-nas-eleicoes.ghtml. Acesso em: 30 out. 2023.

MACHADO, R.; HOLANDA, M. Governo Lula gastou R$ 7,3 mi com hospedagem nas viagens ao exterior. *Folha de S. Paulo*, 25 jun. 2023. Disponível em: https://www1.folha.uol.com.br/mundo/2023/06/governo-lula-gastou-r-73-mi-com-hospedagem-nas-viagens-ao-exterior.shtml. Acesso em: 3 jul. 2023.

MARINS, C. "Se Lula quer ganhar o Nobel da Paz, ele tem que apostar no meio ambiente", afirma Rubens Ricupero. *Estadão*, 15 maio 2023. Disponível em: https://www.estadao.com.br/internacional/se-lula-quer-ganhar-o-nobel-da-paz-ele-tem-que-apostar-no-meio-ambiente-afirma-rubens-ricupero/. Acesso em: 26 out. 2023.

MAZUI, G.; RODRIGUES, P. Com intensa agenda internacional, Lula recupera espaço do país na política externa, mas patina sobre guerra na Ucrânia, avaliam especialistas. *G1*, 2 jul. 2023. Disponível em: https://g1.globo.com/politica/noticia/2023/07/02/com-intensa-agenda-internacional-lula-recupera-espaco-do-pais-na-politica-externa-mas-patina-sobre-guerra-na-ucrania--avaliam-especialistas.ghtml. Acesso em: 3 jul. 2023.

MAZZINI, L. Lula quer viajar o mundo em campanha pelo Nobel da Paz. *ISTOÉ Independente*, 15 nov. 2022. Disponível em: https://istoe.com.br/lula-quer-viajar-o-mundo-em-campanha-pelo-nobel-da-paz/. Acesso em: 26 out. 2023.

NETTO, A. "Esse é o cara", afirma Obama, sobre Lula. *Estadão*, 3 abr. 2009. Disponível em: https://www.estadao.com.br/economia/esse-e-o-cara-afirma--obama-sobre-lula/. Acesso em: 25 out. 2023.

OBAMA, B. *A Promised Land*. [*S. l.*]: Crown, 2020.

PETROVNA, J. Com Brics, G-20 e ONU, Lula tenta recuperar imagem internacional, mas ainda esbarra na guerra. *Estadão*, 23 set. 2023. Disponível em: https://www.estadao.com.br/internacional/com-brics-g-20-e-onu-lula-tenta-recuperar-imagem-internacional-mas-ainda-esbarra-na-guerra/. Acesso em: 25 out. 2023.

PODER360. Em 1º ano de novo mandato, Lula passou 62 dias fora do Brasil. *Poder360*, 31 dez. 2023a. Disponível em: https://www.poder360.com.br/governo/em-1o-ano-de-novo-mandato-lula-passou-62-dias-fora-do-brasil/. Acesso em: 2 jan. 2024.

PODER360. No Alvorada, Lula só quis falar sobre política internacional. *Poder360*, 8 jul. 2023b. Disponível em: https://www.poder360.com.br/governo/no-alvorada-lula-so-quis-falar-sobre-politica-internacional/. Acesso em: 26 out. 2023.

POLZONOFF JR., P. De olho em Nobel Lula acha que pode acabar com a Guerra da Ucrânia. *Gazeta do Povo*, 27 fev. 2023. Disponível em: https://www.gazetadopovo.com.br/vozes/polzonoff/impostura-de-olho-em-nobel-da-paz-lula-quer-acabar-com-a-guerra-da-ucrania/. Acesso em: 26 out. 2023.

PRAZERES, L. 19 países em 8 meses: por que Lula viaja tanto? *BBC News Brasil*, 5 set. 2023. Disponível em: https://www.bbc.com/portuguese/articles/clwx9qxgzz7o. Acesso em: 28 out. 2023.

SCHENONI, L.; CARVALHO, T. Lula Is Back on the International Stage, or Is He?. *E-International Relations*, 5 dez. 2022. Disponível em: https://www.e-ir.info/2022/12/05/lula-is-back-on-the-international-stage-or-is-he/. Acesso em: 30 jan. 2024.

SEABRA, C. Governo mapeia desgaste com viagens de Lula ao exterior e mobiliza aliados. *Folha de S.Paulo*, 11 out. 2023. Disponível em: https://www1.folha.uol.com.br/poder/2023/10/governo-mapeia-desgaste-com-viagens-de-lula-ao-exterior-e-mobiliza-aliados.shtml. Acesso em: 19 out. 2023.

SOARES, I. Lula discursa em festival de rock em Paris: preservar a Amazônia é pop. *Correio Braziliense*, 23 jun. 2023. Disponível em: https://www.correiobraziliense.com.br/politica/2023/06/5103969-lula-discursa-em-festival-de-rock-em-paris-preservar-a-amazonia-e-pop.html. Acesso em: 28 out. 2023.

SOUZA, C. De olho no Nobel? Prioridades internacionais de Lula sugerem foco na premiação. *Gazeta do Povo*, 2 out. 2023. Disponível em: https://www.gazetadopovo.com.br/republica/de-olho-no-nobel-prioridades-do-governo-lula-podem-ter-foco-na-premiacao/. Acesso em: 26 out. 2023.

SPEKTOR, M. In Defense of the Fence Sitters. *Foreign Affairs*, 18 abr. 2023. Disponível em: https://www.foreignaffairs.com/world/global-south-defense-fence-sitters. Acesso em: 30 jan. 2024.

SPRING, J.; JAMES, W. COP27: Greeted like a rock star, Brazil's Lula promises to protect Amazon. *Reuters*, 16 nov. 2022. Disponível em: https://www.reuters.com/business/cop/brazils-lula-put-climate-center-first-post-election-speech-abroad-2022-11-16/. Acesso em: 28 out. 2023.

TRAUMANN, T. Lula e o desejo de ser Mandela. *Poder360*, 10 maio 2023. Disponível em: https://www.poder360.com.br/opiniao/lula-e-o-desejo-de-ser-mandela/. Acesso em: 26 out. 2023.

WINTER, B. Q&A: Brazil's Foreign Minister Mauro Vieira on the "Lula Doctrine". *Americas Quarterly*, 23 mar. 2023. Disponível em: https://www.americasquarterly.org/article/qa-brazils-foreign-minister-mauro-vieira-on-the-lula-doctrine/. Acesso em: 23 mar. 2023.

ZEITEL, G. Lula busca ser popstar e líder internacional, com memes e atuando como um rapper. *Folha de S. Paulo*, 18 set. 2023. Disponível em: https://www1.folha.uol.com.br/ilustrissima/2023/09/lula-busca-ser-popstar-e-lider-internacional-com-memes-e-atuando-como-um-rapper.shtml. Acesso em: 25 out. 2023.